L'ÉNIGME DE CHARLEROI

PAR GABRIEL HANOTAUX

de l'Académie Française

PRÉFACE

Le nœud stratégique de la Bataille des Frontières, — qui fui le premier acte de la Guerre de 1914, — réside dans les Combats de la Sambre, connus sous l'appellation trop restreinte de Bataille de Charleroi.

L'intérêt principal de l'histoire militaire consiste à déterminer les mouvements des masses et la raison des rencontres, à reconstituer, par l'étude des faits et de la carte, l'opération intellectuelle qui range les armées, les amène aux lieux des combats, les jette les unes sur les autres et force la victoire.

Tout mouvement militaire est le fils d'une pensée : c'est cette pensée (secrète) qui, retrouvée en quelque sorte sur le terrain comme la plus belle des armes, illumine tout de son reflet. Par elle, resplendissent le mérite des chefs, la valeur des soldats ; par elle se découvre la grandeur de l'homme à qui une nation confia ses destinées et qui anima, tout ensemble, les corps et les âmes, le généralisateur par excellence, — le général.

Dans la première période de la guerre de 1914, tant que la pensée réciproque des deux commandements ne se fut pas révélée, le nœud même des événements militaires, c'est-à-dire la Bataille de Charleroi, parut une énigme.

On ne comprenait pas pourquoi les hostilités, commencées dans l'Est, avaient soudain sauté dans l'Ouest; on fut surpris, atterré par le mystérieux communiqué : ... de la Somme aux Vosges ; tout s'obscurcit dans l'émotion universelle pour Paris menacé. On ne reconnut pas la vaste tentative d'encerclement de nos armées par les deux ailes (selon les doctrines de von Schlieffen) et l'on suivit à peine la belle parade de Joffre qui, se dérobant dès la première rencontre, prenait du champ et, après avoir refoulé l'aile gauche des Allemands, dans l'Est, rétablissait son propre équilibre vers l'Ouest et attirait l'ennemi dans le piège où il allait le saisir à la Bataille de la Marne.

De cette obscurité résulta l'énigme ; or, c'est la solution de cette énigme militaire — décisive pour l'histoire du monde, — que j'essaie d'apporter dans ces pages qui ne sont qu'un court résumé des chapitres plus développés de mon Histoire de la Guerre. Mes éditeurs ont pensé qu'il convenait de rendre le plus possible accessible au public un récit qui établit d'une façon incontestable la supériorité du commandement français. Il est permis, après trois ans, de lui rendre cette justice qui n'est que la constatation de la simple vérité.

Malgré leurs indéniables succès, les Allemands furent battus dès les premières semaines du conflit qu'ils avaient voulu par les raisons qui les avaient portés à le vouloir. L'invasion de la Belgique par la rive gauche de la Meuse, était le secret mûrement médité et savamment élaboré par leur état-major, secret sur lequel ils comptaient comme sur un gage de prompte et décisive victoire.

Or, c'est l'invasion de la Belgique qui les a perdus et qui les perd chaque jour. Par orgueil et pédantisme infatué, ils ont qualifié ce forfait de génial. En réalité, ce fut, non seulement un crime, mais une faute, — une faute colossale et la cause de leur première et irrémédiable défaite.

La folie de cette conception, et, par contre, la sagesse pondérée et ingénieuse de la conception militaire française sont mises en présence dans les pages qui vont suivre.

L'opinion jugera sur des documents et des renseignements précis, sur des faits, désormais établis dans leur réalité.

Tout le monde, aujourd'hui, sait lire une carte, suivre une manœuvre, comprendre un exposé militaire ; combien peuvent dire : J'étais là ; telle chose m'advint ! C'est à ce public, qui a payé si cher une expérience si douloureuse, que nous soumettons cette étude. L'énigme de Charleroi trouve dans la suite des événements, sa solution lumineuse, la Victoire de la Marne.

G. H.

Paris, 6 septembre 1917.

I. — LA MANŒUVRE DE BELGIQUE - LES COMBATS DE LA SAMBRE - 16 AOÛT-25 AOÛT 1914.

I. — CE QUE L'ON SUT DE LA BATAILLE DE CHARLEROI.

Les premières semaines de la guerre avaient paru favorables. La double invasion de l'Alsace méridionale par Mulhouse, les premiers incidents de l'offensive française en Lorraine, les succès des Russes en Prusse Orientale, les victoires serbes, tout donnait confiance. Jusqu'au 20 août, on était resté dans l'ignorance au sujet de l'emplacement des armées et des desseins des deux adversaires ; on savait seulement que la mobilisation et la concentration françaises s'étaient accomplies à merveille et que nos troupes occupaient, sur la frontière, les places assignées par les plans de l'état-major.

Le communiqué du 19 avait confirmé la nouvelle que l'armée française, prenant l'offensive, avait atteint Delme et Morhange. en territoire annexé.

De Belgique, depuis la prise de Liège, les nouvelles étaient rares. L'affaire de Dinant, le 15, heureuse pour nos armes n'avait pas eu de suite ; rien ne s'était dessine jusqu'au 18.

Soudain, le 19 et le 20, on apprend, coup sur coup, la marche en avant des armées allemandes, le passage de puissantes colonnes de toutes armes sur les routes du territoire belge, une invasion formidable s'étendant comme une nappe sur le pays. La résolution, prise par le gouvernement belge de ramener son armée à l'abri du camp retranché d'Anvers, éclata comme un aveu d'impuissance et le plus impressionnant des présages.

Le 21, on eut la nouvelle de l'échec de nos armées de l'Est en Lorraine. Le communiqué du 21, à minuit, reconnaissait que nos troupes avaient été ramenées en arrière... ; il ajoutait : L'importance des forces engagées ne nous eût permis de nous maintenir en Lorraine qu'au prix d'une imprudence inutile.

Eh quoi ! Il y avait donc une puissante offensive allemande sur la frontière lorraine, outre celle qui se produisait par la Belgique ! L'anxiété redoubla. La Belgique était-elle abandonnée ?

Le 22 août, l'opinion était saisie de l'intention du gouvernement français de venir en aide militairement à la Belgique :

La France est résolue à faire tout pour libérer le territoire de son alliée. Elle considère que son devoir n'aura été entièrement accompli que lorsqu'il ne restera plus un soldat allemand en Belgique.

Sous la rhétorique du texte officiel, on entrevoit une espèce de programme militaire :

Il n'a pas été possible, en raison des nécessités stratégiques, de participer plus tôt avec l'armée belge à la défense du pays ; mais les engagements que nous avons pris n'en sont que plus solennels ; notre coopération n'en sera que plus étroite ; elle se poursuivra avec une extrême énergie. La situation en Belgique reste sensiblement la même ; le mouvement des forces allemandes continue vers l'Ouest, précédé par des forces de cavalerie éclairant dans les directions de

Gand d'une part, de la frontière française d'autre part. L'armée belge est prête dans le camp retranché d'Anvers.

La retraite de l'armée belge sous le canon d'Anvers est une opération prévue qui ne porte aucune atteinte à sa valeur ni à son incontestable puissance. Lorsque le moment en sera venu, l'armée belge se trouvera aux côtés de l'armée française, à laquelle les circonstances l'ont étroitement et fraternellement unie.

Ces lignes répondent au mouvement de l'opinion qui ne pouvait se faire à l'idée que la Belgique ne serait pas défendue. L'occupation de Bruxelles par les Allemands avait été une surprise pour le public français qui en était resté à la belle résistance de Liège ; l'arrivée des premières populations belges en fuite l'émut ; il s'inquiéta quand il apprit que l'armée belge s'était repliée sous le canon d'Anvers. A la question que l'on se posait universellement de savoir ce que devenaient les armées alliées, le communiqué répond. Et, en même temps, il indique les faits nouveaux, bien différents de ce que le public attend : non seulement la Belgique est envahie, mais la région de Gand et la frontière française sont insultées par la cavalerie ennemie. Où sont donc nos troupes? Que fait notre propre armée ?

Dès le 22, le bruit s'était répandu dans Paris, — et Paris-Midi le confirmait, — qu'une formidable bataille était engagée entre Mons et Charleroi. Bientôt la rumeur circule que nos armées n'ont pu enrayer la marche des armées allemandes et que notre aile gauche, c'est-à-dire l'armée anglaise, est débordée et enveloppée[1].

Le 23, on apprend par de vagues rumeurs que les journées du 21 et du 22 n'ont pas été bonnes sur la Sambre. Le communiqué du 23 août paraît et s'applique à préparer les esprits :

En Belgique. — A Namur, les Allemands font un grand effort contre les forts qui résistent énergiquement. Les forts de Liège tiennent toujours. L'armée belge est tout entière concentrée dans le camp retranché d'Anvers. Mais *c'est sur la vaste ligne allant de Mons à la frontière luxembourgeoise que se joue la grosse partie.*

Nos troupes ont pris partout l'offensive. Leur action se poursuit régulièrement en liaison avec l'année anglaise. Nous trouvons en face de nous, dans ce mouvement offensif, *la presque totalité de l'armée allemande*, formations actives et formations de réserve. Le terrain des opérations, surtout à notre droite (il s'agit des Ardennes), est boisé et difficile. Il est à présumer que la bataille durera plusieurs jours. L'énorme extension du front et l'importance des effectifs engagés empêchent de suivre pas à pas le mouvement de chacune de nos armées. Il convient, en effet, pour apprécier cette situation, d'attendre un résultat qui serve de conclusion à la première phase du combat..., etc., etc.

Ce n'est pas la victoire en coup de vent dont on avait conçu si imprudemment l'espoir aux heures de l'enthousiasme...

Le 24, les événements militaires sont déjà accomplis. Les communiqués du 24 et du 25 contiennent tout ce que le public connut officiellement de la bataille de Charleroi. Il faut les citer *in extenso* :

D'abord, le communiqué du 24, au matin, qui donne comme une sorte d'exposé des opérations.

---

[1] Ant. Délécrax, *Paris pendant la mobilisation*, p. 324.

La grande bataille entre le gros des forces françaises et anglaises et le gros des forces allemandes continue. Pendant que cette action se poursuit, dans laquelle nous avons l'importante mission de retenir la presque totalité des armées ennemies, nos alliés de l'Est (les Russes) obtiennent de gros succès dont les conséquences doivent être considérables...

15 heures. — Nos armées, placées face à leurs objectifs, se sont ébranlées avant-hier, prenant résolument l'offensive. Entre la Moselle et Mons, la bataille générale est maintenant engagée, et la parole n'est plus qu'aux combattants eux-mêmes. (Suit un rappel des batailles de Lorraine et des Ardennes.) Une troisième armée, de la région de Chimay, s'est portée à l'attaque de la droite allemande entre Sambre et Meuse. Elle est appuyée par l'année anglaise, partie de la région de Mons.

Le mouvement des Allemands, qui avaient cherché à déborder notre aile gauche, a été suivi pas à pas, et leur droite se trouve donc attaquée maintenant par notre armée d'aile gauche, en liaison avec l'armée anglaise. De ce côté, la bataille se continue vivement depuis plus d'une journée. Sur tout le reste du front, elle est aussi engagée avec le plus grand acharnement et déjà les pertes sont sérieuses de part et d'autre. A notre extrême gauche, un groupement a été constitué dans le Nord pour parer à tout événement de ce côté.

Il y a bien, dans ces derniers mots, l'idée d'une conception stratégique qui, jusqu'à un certain point, s'oppose à celle de l'ennemi. Mais elle n'est indiquée qu'en passant et à peu près indiscernable pour ceux qui ne sont pas initiés.

Le coup de massue est donné par le communiqué du 24 août, 23 heures :

La situation en Belgique. — A l'Ouest de la Meuse, l'armée anglaise, qui se trouvait à notre gauche, a été attaquée par les Allemands. Admirable sous le feu, elle a résisté à l'ennemi avec son impossibilité ordinaire. L'armée française, qui opérait dans cette région, s'est portée à l'attaque. Deux corps d'armée, dont les troupes d'Afrique, qui se trouvaient en première ligne, entraînés par leur élan ont été reçus par un feu très meurtrier ; ils n'ont pas cédé, mais, contre-attaques par la Garde prussienne, ils ont dû ensuite se replier. Ils ne l'ont fait qu'après avoir infligé à leur adversaire des pertes énormes. Le corps d'élite de la Garde a été très éprouvé.

Sur un ton plus solennel, le communiqué ajoute :

Du fait des ordres donnés, la lutte va changer d'aspect pendant plusieurs jours ; l'armée française restera pour un temps sur la défensive ; au moment venu, choisi par le commandement en chef, elle reprendra une vigoureuse offensive. Nos pertes sont importantes ; il serait prématuré de les chiffrer ; il ne le serait pas moins de chiffrer celles de l'armée allemande qui a souffert au point de devoir s'arrêter dans ses mouvements de contre-attaque pour s'établir sur de nouvelles positions.

Et immédiatement, un *Aperçu d'ensemble* :

D'une manière générale, nous avons conservé la pleine liberté d'utiliser notre réseau ferré, et toutes les mers nous sont ouvertes pour nous approvisionner. Nos opérations ont permis à la Russie d'entrer en action et de pénétrer jusqu'au cœur de la Prusse Orientale.

On doit évidemment regretter que le plan offensif par suite de difficultés impossibles à prévoir, n'ait pas atteint son but : cela eût abrégé la guerre : mais notre situation défensive demeure entière, en présence d'un ennemi déjà affaibli... Certaines parties du territoire national souffriront malheureusement des événements dont elles seront le théâtre ; épreuve inévitable, mais provisoire. C'est ainsi que des éléments de cavalerie allemande, appartenant à une division indépendante opérant à l'extrême droite, ont pénétré dans la région de Roubaix-Tourcoing, qui n'est défendue que par des éléments territoriaux.

Le courage de notre vaillante population saura supporter cette épreuve avec une foi inébranlable dans le succès final, qui n'est pas douteux. En disant au pays la vérité tout entière, le gouvernement et les autorités militaires lui donnent la plus forte preuve de leur absolue confiance dans la victoire qui ne dépend que de notre persévérance et de notre ténacité.

Et le communiqué continue sur le même ton, le 25 août, 15 heures :

Dans le Nord. — Des parties de cavalerie qui s'étaient montrés avant-hier dans la région de Lille, Roubaix, Tourcoing, ont apparu hier dans la région de Douai. Cette cavalerie ne peut s'avancer davantage qu'en s'exposant à tomber dans les lignes anglaises renforcées hier par des troupes françaises.

Situation générale. — Malgré les énormes fatigues imposées par trois jours consécutifs de combats, et malgré les pertes subies, le moral des troupes est excellent et elles ne demandent qu'à combattre. Dans la journée d'avant-hier, le fait saillant a été la rencontre formidable des tirailleurs algériens et sénégalais avec la troupe réputée, la Garde prussienne. Sur cette troupe solide, nos soldats africains se sont jetés avec une inexprimable furie : la Garde a été éprouvée dans un combat qui dégénérait en corps à corps. L'oncle de l'Empereur (?), le général prince Adalbert, a été tué ; son corps a été transporté à Charleroi. Notre année, calme et résolue, continuera aujourd'hui son magnifique effort ; elle sait le prix de cet effort ; elle combat pour la civilisation ; la France tout entière la suit des yeux, elle aussi calme et forte, et sachant que tous ses fils supportent seuls, pour le moment, avec l'héroïque armée belge qui, hier, a repris Malines, et la vigoureuse armée anglaise, le poids d'un combat sans précédent par l'acharnement réciproque et par la durée...

Voilà tout ce que l'on apprend au public. De beaux faits d'armes, des combats héroïques, une retraite vigoureuse, des troupes harassées dont le moral est excellent, la Belgique évacuée, le territoire national envahi.

Le sens réel des événements n'apparaît pas. Sous les formules péniblement emphatiques on devine une vérité cruelle. L'obscurité redouble l'angoisse. On sent planer un malheur terrible et inavoué.

Peu à peu l'idée se répand d'une bataille mystérieuse où des choses imprévues et extraordinaires se sont produites. On l'étend, par la pensée, sur tout le front occidental, depuis Tournai jusqu'à Metz. Des masses énormes ont été engagées : une retraite inexplicable et inexpliquée s'en est suivie. De cette bataille le public ne saisit ni les précisions tactiques ni le sens stratégique. Il se trouve, ainsi, anxieux et désorienté, au moment où la manœuvre morale allemande, pénétrant par les neutres, va produire sur lui ses redoutables effets.

En Allemagne. — Dans le camp allemand, après un moment d'hésitation, ce n'est qu'un cri : Victoire !

Le premier communiqué visant les opérations à l'Ouest de la Meuse est du 23 :

A l'Ouest de la Meuse, les troupes allemandes s'avancent vers Maubeuge ; une brigade de cavalerie s'étant portée vers leur front a été battue (il s'agit, sans doute du combat d'Anderlues).

L'objectif donné, à savoir Maubeuge, vise déjà une prochaine invasion du territoire français.

Le communiqué du 25 août annonce la prise de Namur et de cinq forts ; la chute de quatre autres paraît imminente. Le 27, c'est le chant de triomphe :

Les armées allemandes victorieuses en France. — L'armée allemande de l'Ouest a pénétré victorieusement, neuf jours après sa concentration, sur le territoire français de Cambrai jusqu'aux Vosges méridionales. L'ennemi a été battu sur toute la ligne et se trouve en pleine retraite. Vu l'étendue énorme du champ de bataille, dans une région boisée et en partie montagneuse, il n'est pas possible de donner des chiffres exacts sur ses pertes en tués, blessés, prisonniers et étendards pris. L'armée du général von Kluck a culbuté l'armée anglaise près de Maubeuge. Elle a repris l'attaque aujourd'hui, au Sud-Ouest de Maubeuge, *par un mouvement tournant*. Les armées des généraux von Bülow et von Hausen ont battu *complètement* environ *huit corps d'armée français et belges*, entre la Sambre, Namur et la Meuse (en réalité, deux corps d'armée, au plus quatre, ceux de l'armée Lanrezac, Ier, 10e, 3e et 18e ; il n'y a aucun corps belge ; aucun autre corps n'a été engagé et n'a même figuré sur le front.) Ces combats ont duré plusieurs jours. Nos armées poursuivent l'ennemi *à l'Ouest* de Maubeuge (on prétend imposer l'idée que les armées alliées sont tournées, et ce trait suffit pour révéler les desseins du grand état-major). Namur est tombé en notre possession après deux jours de bombardement.

L'attaque se dirige maintenant contre Maubeuge.

La nouvelle d'une magnifique victoire, presque sans coup férir, dans l'Ouest, complétant et achevant les succès des Ardennes et de l'Est, se répand dans le monde allemand, chez les alliés de l'Allemagne, chez les neutres.

Elle tombe comme une pluie bienfaisante sur les régiments progressant sous la chaleur accablante, dans l'épuisement des combats : le 23 août, l'officier Kietzmann écrit sur son carnet de route :

(Au sud de Ninove) : On nous apprend la nouvelle d'une grande victoire de nos armes, près de Metz.

Le 24 : Bientôt, on nous apprend que la cavalerie anglaise est anéantie et que six divisions anglaises ont été exterminées à leur débarquement du train.

Puis, le 25 : Nous prenons connaissance d'un télégramme de l'Empereur qui exprime sa joie sur les marches fabuleuses accomplies par le IIe corps. Les trois derniers jours, nous avons fait environ 130 kilomètres. L'adversaire s'éloigne toujours en arrière ; nous ne le rejoignons pas. On dit qu'une grande victoire vient encore d'être remportée devant nous. On parle de 20.000 prisonniers, de 150 canons pris à l'ennemi.

Sous la date du vendredi 28, le carnet de route d'un officier d'artillerie qui appartient à l'armée von Kluck, témoigne de l'allégresse générale dans le camp allemand. Alors, s'élèvent ces chants de victoire que l'on entendait du camp français :

Vers le soir, nous eûmes connaissance des victoires de la IIe armée Bülow : quels sentiments nous prenaient l'âme quand, à la clarté de la lune et des feux de bivouac, toutes les musiques militaires entonnaient l'hymne de reconnaissance répété par plusieurs milliers de voix ! C'était une joie, une allégresse générale, et quand, le lendemain, on se remit en marche, nous croyions presque que nous pourrions fêter Sedan devant Paris...

On faisait contresigner, en quelque sorte, ces bulletins de la nouvelle grande armée par le vieil empereur François-Joseph, adressant à l'empereur Guillaume ce télégramme de félicitations :

Victoire sur victoire ! Dieu est avec vous et sera aussi avec nous ! Je t'envoie mes plus chaleureuses félicitations, cher ami, à ton cher fils, le kronprinz, le jeune héros, ainsi qu'au kronprinz Rupprecht de Bavière et à l'incomparable vaillante armée allemande. Les mots me manquent pour exprimer ce que mon armée ressent avec moi dans ces jours historiques. Je serre cordialement ta main puissante.

François-Joseph.

Ainsi, par toutes les voies, se répand et s'impose l'idée de l'importance décisive des combats de la Sambre et de la supériorité absolue des armes allemandes. La presse allemande exulte. Par ses récits enflammés, elle répand, jusqu'aux derniers rangs du peuple et de l'armée, la certitude d'une victoire prompte et l'ivresse d'une gloire que Dieu lui-même offre comme un hommage et une récompense au peuple élu. Pour les responsables de la guerre, l'ivresse tourne au délire.

Ils n'admettront plus, et le soldat vainqueur pas davantage, la pensée qu'un revirement quelconque dans le cours des événements puisse se produire.

Chaque jour, c'est une nouvelle victoire Liège, Namur, Dinant, Morhange, Charleroi. Après chaque dépêche officielle, le bourgeois allemand repérait les noms sur sa carte et accrochait un drapeau à sa fenêtre. Dans les campagnes, on sonnait les cloches pour convoquer les paysans à la lecture du bulletin. A Berlin, un dimanche soir, les agents de police du district du centre se chargèrent de communiquer au public une glorieuse dépêche survenue après la lecture des journaux. Dans une automobile militaire, un officier remonta l'avenue des Tilleuls en criant la nouvelle à la foule. Les sergents de ville de garde, auprès des stations de tramways, l'annoncèrent dans toutes les voitures qui remontaient pesamment chargées vers les faubourgs populeux. En peu de temps, tout Berlin la connut, et, malgré l'heure tardive, illumina et pavoisa.

Ce furent des journées folles. Les Allemands les plus présomptueux n'avaient jamais osé penser que leur patrie était aussi puissante1...

Donc, toute l'Allemagne répète : Gloire au peuple allemand, gloire aux armées allemandes qui sont le peuple en armes et en marche ! Quand elles tombent sur le monde, elles le frappent d'épouvante et il n'a qu'à ramper à leurs pieds...

Cette conviction de la supériorité fatidique des armes allemandes est telle qu'elle se glisse jusque chez l'adversaire, et le professeur E.-H. Baïer, chargé de l'apologétique de la guerre dans son *Volkerkrieg*, emprunte au *Times* ce tableau des phalanges mandes se jetant, irrésistibles, au combat :

---

1 ***L'esprit public en Allemagne. Les Victoires d'août*, dans le *Correspondant* du 25 février 1915, p. 566.

Les commandants allemands portaient leurs troupes en avant, comme si elles avaient une inépuisable vision de bravoure. Les soldats vont au combat en sections profondes fortement ramassées, en rangs serrés, ils ne se préoccupent pas de chercher des abris ; ils marchent droit devant eux, à l'assaut, dès que l'artillerie a ouvert le feu. Que les ennemis soient à découvert ou dans une région vallonnée ou boisée, peu importe. Ils n'ont qu'un mot d'ordre : *En avant, toujours en avant !* L'artillerie ennemie fauche des lignes entières ; souvent il ne reste plus que des cadres. Bientôt, les brèches sont comblées, le corps est reconstitué et il avance sur des tas de cadavres. La semaine dernière (bataille de Mons) la puissance numérique était telle qu'on ne pouvait plus les arrêter que les flots de la mer.

Chez les neutres. — Si l'impression est telle chez l'ennemi, que sera-t-elle chez les neutres ?

Les meilleurs sont ébranlés : ils cherchent les raisons de ces succès incontestables, analysent, comparent la qualité des armées, le mérite des chefs. Ils sèment, sans le vouloir, un doute de plus dans l'esprit des peuples alliés, au moment où ceux-ci auront besoin de tout leur sang-froid, de toute leur confiance.

Les observations principales que l'on peut tirer de la bataille, écrit un Italien, le sage Angelo (?), sont les suivantes :

1° Les Allemands ont, au point de vue stratégie ont atteint leur but. Ils ont pénétré entre les trois alliés et ont en partie battus, en partie séparés, de sorte que le jour de la bataille, ils se sont trouvés en ordre compact, alors que les adversaires étaient divisés. Toutefois, les différentes armées allemandes ne sont peut-être pas encore suffisamment fortes pour accomplir la tâche qui leur incombe, puisque, malgré une excellente impulsion, elles n'ont nullement réussi à écraser l'ennemi et ont même failli être arrêtées par lui. (C'est la seule restriction que la sympathie se permette.)

2° Les Belges, les Anglais et les Français n'ont pas pu, après vingt-cinq jours de guerre, réunir les différents commandements en un commandement unique et coordonner entre eux les mouvements. Chacun a combattu vaillamment, mais pour son propre compte ; les Belges d'abord et seuls ; les Anglais, à l'endroit où ils s'étaient portés après le débarquement ; les Français, en des endroits imprévus, imposés par la nécessité du moment.

3° Les Français n'ont pas cru, jusqu'à il y a très peu de jours, à la gravité de la menace allemande en Belgique... Il est difficile de penser que l'action, plutôt décousue et limitée, confiée aux armées françaises, samedi et dimanche, ait été le fruit d'une étude longue et réfléchie.

4° La valeur déployée par les troupes alliées dans l'action ludique a, d'une façon ou d'une autre, diminué les défauts de la conception stratégique.

Nous allons voir qu'un jugement tout différent et, jusqu'à un certain point, inverse, eût dû se dégager d'une appréciation renseignée sur les combats de la Sambre. Mais l'impression générale est telle que ce serait une sorte de paradoxe de discuter et d'analyser les circonstances et les modalités du succès. L'Allemagne s'est fait, de ce jour, une certitude de la victoire finale qui a rayonné d'elle sur le monde.

De cette conviction elle vivra, en quelque sorte, pendant des mois et des années. Tant les débuts que dans la défensive. Il semble que l'armée assaillie, prise dans une manœuvre enveloppante, n'ait plus qu'un moyen de salut : c'est de se retirer précipitamment avant que l'enveloppement ne soit accompli ; si elle n'est enveloppée que d'un côté, les deux tiers de cette armée peuvent être sauvés... Il n'y a de *bataille de Cannes* que dans les conditions suivantes : l'assaillant subit la loi de la plupart des offensives, *il marche à tâtons dans l'inconnu*, comme dit Clausewitz ; mais, à un moment donné, il se voit engagé en un combat de front où son centre présente encore une force suffisante, et il n'attaque la manœuvre par les deux ailes que quand l'ennemi attaque de toutes ses forces sur le centre.

Le critique militaire à qui nous empruntons ce texte a bien senti (après coup) le risque d'une telle conception qui, transportant dans la stratégie les méthodes de la tactique, met l'assaillant dans une situation inférieure, non seulement parce qu'il marche à tâtons dans l'inconnu, mais aussi parce que en raison de l'ampleur de la manœuvre, l'armée assaillie peut se retirer précipitamment avant que l'enveloppement ne soit accompli. C'est ce qui se produira dans la manœuvre de la Marne et il est utile de le rappeler dès maintenant.

Malgré la force de ces objections, — qui, encore une fois, se sont produites après coup, — l'autorité des idées de Schlieffen s'imposa incontestablement au commandement allemand. Les faits sont là : puisque les Allemands ont attaqué à la fois en Lorraine et en Belgique, il faut bien admettre que le mouvement se faisait simultanément par les deux ailes, le centre (armée du kronprinz et du duc de Wurtemberg), étant tenu en réserve pour asséner le coup décisif.

Le mouvement tournant, par la Belgique est donc fonction de ce grand dessein militaire : l'aile droite de l'armée allemande représente une des branches de la tenaille, de même que les armées du prince de Bavière et de von Heeringen représentent l'autre branche dans l'Est : elles vont simultanément au-devant l'une de l'autre, avec cette différence toutefois que l'armée de l'Ouest devant déboucher dans le voisinage de Paris et ayant pour mission de couper l'armée française, d'abord de la mer, puis de la capitale, on l'organise avec un soin spécial, on la comble en quelque sorte de tous les réconforts matériels et moraux, on prend toutes les précautions stratégiques et tactiques pour assurer, autant qu'il est humainement possible, le succès de son importante mission.

Comment les Allemands conçoivent-ils ce mouvement d'enveloppement par l'aile droite ?

Ici encore, nous avons des documents formels. Un brochure qui semble avoir été écrite sous l'inspiration de l'ancien généralissime von Moltke, intitulée *La Bataille de la Marne*, expose, en ces termes, le caractère et l'objet du mouvement tournant dont l'aile droite était chargée :

Le gouvernement allemand avait prévu qu'il n'avait pas à se fiera la Belgique et, en effet, les pièces trouvées à Bruxelles après l'occupation allemande[1] ont

____

1 On connaît la fable que la propagande allemande a tenté d'accréditer au sujet des pièces établissant un soi-disant accord militaire entre l'Angleterre et la Belgique. C'est une de ces mirifiques inventions comme la garnison française à Liège, les avions de

prouvé combien les cercles militaires allemands ont eu raison de demander, pour les troupes allemandes, le passage libre en Belgique, afin que les Belges ne puissent tomber sur le dos des armées allemandes quand celles-ci seraient entièrement occupées en France.

Le grand état-major allemand avait résolu de jeter tout d'abord la plus grande partie des troupes disponibles vers l'Ouest et de confier à quelques corps d'armée seulement la garde des frontières orientales... Entre Thionville et Aix-la-Chapelle, on comptait faire passer la masse principale des troupes disponibles et attaquer la France par la Belgique et le Luxembourg, tout *en s'efforçant d'étendre toujours davantage l'aile droite vers la mer*.

Par cette conversion géniale de la droite, on espérait, au moyen d'une grande courbe passant par Bruxelles-Valenciennes-Compiègne-Meaux, à l'est de Paris, pouvoir rejeter l'armée française au delà de la Meuse, de l'Aisne, de la Marne, peut-être même au delà de la Seine, pour déborder au sud de Fontainebleau et envelopper ainsi la ligne française. D'autres parties de l'armée, particulièrement des corps de réserve et de landwehr, devaient alors *pousser en avant de Dunkerque et Calais jusqu'à la côte pour empêcher de nouveaux débarquements anglais...*

Voici maintenant l'exposé de Stegemann :

Le plan de campagne allemand s'appuyait sur cette considération que c'était une mesure de conservation personnelle pour l'Allemagne d'atteindre le territoire français aussi rapidement et aussi sûrement que possible, de l'envahir définitivement par un point faible et d'imposer ainsi sa loi à l'adversaire. Comme une entreprise conduite entre Meuse et Moselle eût été très incertaine et qu'elle eût produit, en même temps, une sursaturation de troupes, serrées les unes contre les autres, dans cet étroit espace, l'offensive par la Belgique devint la pensée maîtresse de toute la manœuvre. Sur cette donnée, la marche en avant déterminait un mouvement énorme depuis l'aile droite, qui, en cas de succès, devait aboutir à un débordement et à un écrasement de l'adversaire par étreinte.

... L'offensive stratégique des Allemands s'était mise en branle d'un seul coup. Pour ce mouvement d'encerclement, les forces de l'extrême-gauche devaient, pour le moment, rester fixées sur la ligne générale, tandis que celles de l'aile droite accomplissaient des marches énormes formant le mouvement tournant vers l'Ouest, avec Metz pour pivot.

Un autre historien, Kircheisen, détermine, avec beaucoup de netteté, le premier objectif de la manœuvre par l'aile droite :

C'était, sans nul doute, l'intention de von Kluck de couper French du côté de la côte et de rejeter ses troupes sur Maubeuge...

Tel est le caractère du mouvement tournant, en tant qu'il fait partie du plan général allemand : envelopper les armées alliées par la côte, occuper la côte elle-même jusqu'à Dunkerque et Calais pour empêcher les débarquements anglais, rabattre l'aile gauche des armées alliées sur Maubeuge et la bousculer par une poursuite vigoureuse jusqu'à l'étreinte et l'écrasement entre les deux pinces de la tenaille sur l'Aisne, la Marne ou la Seine.

Nuremberg qui ne tiennent pas debout mais qui ont servi à tromper et à entraîner l'opinion allemande Voir, à ce sujet, *Histoire de la Guerre de 1914*, II, 173.

Nous avons exposé les conditions dans lesquelles ce plan s'est développé à l'Est et au Centre ; nous allons suivre son exécution à l'Ouest : la *Bataille de la Trouée de Charmes*, la *Bataille des Ardennes*, les combats de la Sambre (improprement nommés *Bataille de Charleroi*) sont les trois scènes d'un acte, constituant lui-même la première partie de la *Bataille des Frontières*.

L'armée provisoire de la Meuse (von Emmich), composée surtout de troupes de couverture, s'était emparée des ponts de Liège, le 7 août.

Or, les armées allemandes, chargées d'opérer sur le front occidental, ne se mettent en mouvement pour la manœuvre en Belgique que le 19. Dans l'intervalle, un seul incident notable : la tentative sur Dinant, le 15. Elle est repoussée, et c'est tout.

Le dessein des Allemands reste obscur jusqu'au jour où ils se décident à s'avancer au delà de la ligne de la Cette, à forcer les ponts d'Huy et d'Ombret-Rosa sur la Meuse pour se porter sur la rive gauche, et à saillir de la forêt des Ardennes en masses énormes, qui, toutes, se mettent en marche d'Est en Ouest. C'est un formidable débordement qui, à travers la Belgique, menace la France.

Cette marche commence le 19. Le 20, Bruxelles est occupé ; le 21, les Allemands débouchent avec leurs corps de gauche sur la Sambre et, ce même jour, les rencontres des gros se produisent. En un mot, les Allemands se précipitent tout d'un coup à la rencontre des armées ennemies. Contraste frappant entre une si longue immobilité et une hâte si soudaine !

Sur la longueur du délai d'attente, le haut commandement allemand a cru devoir s'expliquer par un communiqué daté du 18 août et intitulé : *Le cas de Liège*.

Communiqué allemand du 18 août. — LE CAS DE LIÈGE. Le quartier général dit que le secret de Liège peut maintenant être dévoilé. Les Allemands avaient reçu, avant la déclaration de guerre, l'assurance que des officiers français, et peut-être aussi des troupes, avaient été envoyés à Liège avec la mission d'instruire les troupes belges sur le service des forts. Avant l'ouverture des hostilités nous n'avions rien à dire de cela. (Vous voyez le raffinement de mensonge et d'hypocrisie ; mais il est nécessaire pour en arriver aux explications qui suivent.) Dès le début de la guerre, cela constituait une violation de la neutralité de la France vis-à-vis de la Belgique. Les Allemands devaient agir rapidement. (Donc *le cas de Liège* n'est nullement prémédité ; c'est tout à fait à l'improviste et pour parer à an danger, d'ailleurs inventé à plaisir, que l'Allemagne croit devoir se jeter sur cette place, Liège étant remplie de Français.) Des régiments non mobilisés furent jetés à la frontière et mis en marche sur Liège. Six faibles brigades avec un peu de cavalerie et d'artillerie prirent la ville. Deux autres régiments, qui venaient de terminer leur mobilisation, purent aussi être envoyés. (N'insistons pas sur ces révélations et ces explications aussi fausses qu'embarrassées.) Nos adversaires annoncèrent que, levant Liège, se trouvaient 120.000 Allemands ne pouvant continuer leur marche en avant, en raison des difficultés du ravitaillement. Ils se trompaient ; car cette pause eut d'autres raisons. C'est seulement alors que commence la marche en avant des Allemands. Nos adversaires auront la preuve que nous ne l'avons entreprise que bien soignés et bien équipés. L'Empereur a tenu sa parole de ne pas sacrifier inutilement une goutte du sang allemand (cela pour répondre à l'émotion causée en Allemagne par les pertes devant Liège, 42.000 hommes). L'ennemi ignorait nos puissants moyens d'attaque; c'est pour cela qu'il se croyait en sûreté dans les forts... La forteresse de Liège ne servira plus les plans primitifs de nos adversaires, mais sera un point d'appui pour l'armée allemande.

Nous ne sommes pas obligés de prendre pour argent comptant ces explications alambiquées. Le haut commandement voudrait faire croire (surtout au public allemand) qu'il s'est jeté en hâte sur Liège et qu'il s'est emparé de la ville, au prix d'une cruelle effusion de sang, pour y capturer une garnison française. Fait extraordinaire : une fois la ville prise, cette garnison s'est évanouie. Non, la prise de Liège a un autre sens : cette place est la clef de toute la campagne. On s'empare des ponts tout de suite, et par surprise, pour pouvoir déboucher en Belgique. Mais, tout d'un coup, stop : le grand mouvement s'est arrêté !

Pourquoi ? Le communiqué allemand fait allusion aux nécessités de la concentration ; puis il indique que les faits parleront d'eux-mêmes. Les nécessités de la concentration ne motivent pas un tel retard : les Allemands se sont vantés de la rapidité foudroyante avec laquelle elle s'était achevée, grâce à leur réseau de chemins de fer aux approches de la Belgique et dans l'Eifel. Quant aux faits ultérieurs, ils n'ont rien révélé du tout : on en est donc réduit aux conjectures.

Il faut admettre que le haut commandement, en violant la neutralité belge, entendait commencer la manœuvre probablement par un *piège*, mais certainement par une *surprise*. Les deux explications, d'ailleurs, ne sont pas inconciliables.

Jusqu'au 18, les armées allemandes qui se sont, massées sur le territoire belge sont, en quelque sorte, à l'affût, dans l'ordre suivant : l'armée du Kronprinz (Luxembourg et Luxembourg belge), armée du duc de Wurtemberg (Luxembourg belge), armée von Hausen (région de Laroche), armée von Bülow (Sud de la Meuse, Andenne, Huy), armée von Kluck (derrière la Gette).

Il est probable que, par cette disposition en demi-cercle, le grand état-major allemand se préparait à profiter, comme il a été dit déjà[1], d'une faute de ses adversaires. N'ignorant pas que le gouvernement belge avait fait appel au gouvernement français et qu'il avait demandé d'urgence l'envoi d'une armée en Belgique, les Allemands avaient, sans doute, conçu le projet de laisser cette armée s'avancer jusqu'sur la plaine de Bruxelles-Waterloo, pour l'écraser entre les cinq armées tombant simultanément sur elle.

Le raid de cavalerie du général Sordet qui pénétra en Belgique jusqu'aux portes de Liège, dut accréditer, dans l'esprit de l'état-major allemand, l'opinion que l'armée française suivait et que le commandement français, cédant à l'entraînement d'une impétueuse générosité, jetait, en quelque sorte, une armée de délivrance dans la gueule du loup. Mais, en fait, malgré des instances réitérées et des sollicitations émouvantes, le haut commandement français ne céda ni lux appels, ni aux conseils. Son plan était tout autre et il s'y tint fermement.

A partir du 18, les Allemands apprennent par des actes publics et les communiqués officiels que le gouvernement belge a pris le parti de ramener son armée dans le camp retranché d'Anvers ; dès lors, l'attente est inutile et aussitôt le Kaiser ordonne le déclenchement du grand mouvement tournant.

Le piège n'a pas joué : reste la surprise.

Le souci angoissant du commandement français, durant les premières semaines de la guerre fut celui-ci : par où déboucherait la principale offensive allemande ?

---

[1] V. de Souza, *La Défaite allemande.*

Lui-même avait son plan ; il attaquait par l'Alsace et la Lorraine et manœuvrait pour pénétrer en Allemagne, sa droite au Rhin. Mais l'exécution d'un tel projet ne pouvait pas ne pas être influencée par le parti que prendraient les Allemands. Nous verrons tout à l'heure par quelle suite de remaniements et de mises au point le haut commandement français dut parer aux initiatives ennemies : on comprend de quel intérêt il était pour les chefs allemands de ne dévoiler leurs desseins que le plus tard possible. Deux lutteurs avant de s'étreindre, multiplient les feintes.

Tant que les armées allemandes étaient immobiles dans le Luxembourg et le Luxembourg belge, installées qu'elles étaient au carrefour des routes conduisant soit en Belgique, soit en France, on pouvait leur attribuer divers projets : soit une contre-attaque de flanc contre notre propre offensive en Lorraine annexée, soit une attaque frontale sur Verdun, soit une offensive de grand style par la vallée de l'Alzette débouchant en France par Rocroi et Mézières, coupant nos armées de l'Est de Reims et de Paris. Les forces opérant en Belgique eussent tout simplement, dans ce dernier cas, fait fonction de flanc-garde ou, tout a plus, eussent coopéré à la manœuvre en prenant le chemin de Paris par l'Oise, comme les alliés l'avaient fait en 1814.

En présence de ces diverses éventualités, le haut commandement français, tout en engageant son aile droite dans l'offensive lorraine, se tenait ramassé sur son centre, prêt à se porter partout où les Allemands apparaîtraient.

Pour les raisons que nous avons dites, les Allemands attendirent jusqu'au 18, au soir. C'est le 18, que l'Empereur Guillaume quitte Berlin pour venir donner lui-même l'ordre déclenchant la manœuvre qui doit lui assurer le monde : il lance sa proclamation aux Berlinois. Ce n'est plus seulement l'Empereur, c'est le chef de guerre qui parle à ses armées et à son peuple : Le cours des opérations de guerre a transféré le Grand Quartier Général hors de Berlin. Je me fie fermement à l'aide de Dieu, à la bravoure de l'armée et de la marine, et à l'inébranlable unité du peuple allemand dans ces heures de danger. La victoire ne désertera pas notre cause.

Voici donc la conception allemande en voie de réalisation. Le chancelier Bethmann-Hollweg l'a dit et répété : L'offensive par la Belgique, c'est, pour nous, une question de vie ou de mort. Les états-majors ont médité leur coup : attendre, surprendre, tromper, frapper. Ils ont massé dans l'ombre les énormes effectifs armés et entraînés qu'une volonté sans précédent emporte dans le vertige du grand mouvement tournant.

Quels étaient ces effectifs ?

L'art des Allemands fut de développer, dès l'abord, sur la Belgique, un réseau de troupes de couverture, cavalerie, artillerie, infanterie extrêmement mobile, et ayant pour mission de voiler les emplacements des gros, tout en donnant, par leur tactique, l'impression d'une démonstration et, si j'ose dire d'un *bluff* plutôt que d'une action à fond et décisive. Couvrir et découvrir, terroriser le pays et tromper l'adversaire, tel était l'objet de cette première invasion militaire confiée aux corps de cavalerie Eichthofen et von Marwitz. La mission fut accomplie avec une remarquable énergie et un grand savoir faire technique : elle contribua à créer la surprise sur laquelle comptait le grand état-major.

Derrière ce rideau mouvant, les gros se mirent en branle à partir du 19. Que l'on tire, sur la carte, une ligne Nord-Sud passant par Diest, Tirlemont, Hannut, Andenne, Ciney, Rochefort, en un mot une ligne se développant en arrière de la

Gette et de la Meuse : c'est à l'Est de cette ligne que les gros allemands sont arrêtés, tandis que les troupes de couverture sont lancées sur le territoire belge.

Le 19, l'alignement est rompu et les gros se mettent en branle d'un formidable et unique mouvement d'Est en Ouest.

Trois armées y prennent part : au Sud, en liaison avec l'armée du duc de Wurtemberg qui reste dans les Ardennes, la 3e armée (armée von Hausen) se porte du Luxembourg (environs de Laroche et de Marche), dans la direction de la Meuse qu'elle abordera d'Yvoir à Fumay. Elle se compose du XIXe corps (von Laffert), du XIIe corps (von Eisa), du XIIe corps de réserve (von Kirchbach). Jusqu'au 18, elle était couverte par la cavalerie de la Garde qu'elle céda, à partir de cette date, à l'armée von Bülow. Elle compte 120.000 hommes.

Plus au Nord, la 2e armée (armée von Bülow) se compose de gauche à droite, du VIIe corps de réserve (von Zwehl), de la Garde (von Plattenberg), du Xe corps (von Emmich), du Xe corps de réserve (19e division de réserve et 2e division de la Garde) (von Hülsen), du VIIe corps (von Einem), et d'un corps de cavalerie composé de la 5e division de cavalerie et de la division de cavalerie de la Garde (von Richthofen).

Cette armée est la véritable armée d'opérations en Belgique proprement dite. Elle comprend un total de 210.000 hommes.

L'armée von Bülow a pour mission de tourner autour de la place de Namur, de masquer ou de prendre cette place et, en longeant la Sambre où elle appuie sa gauche, de traverser la Belgique en direction générale de Mons et Valenciennes, pour déboucher ainsi sur le territoire français.

Plus au Nord encore, débouche la Ire armée (armée von Kluck) : elle comprend les IXe corps (von Quast), IIIe corps (von Lochow), IVe corps (von Arnim), IVe corps de réserve (7e et 22e divisions de réserve) (Schwerin), IIe corps (von Linsingen) et, en couverture, un corps de cavalerie (2e, 4e, 9e divisions de cavalerie) (von Marwitz), soit une masse de 215.000 hommes.

Ces trois armées, qui s'étalent soudain sur la Belgique et qui, dans deux jours, prendront part, toutes les trois, aux combats de la Sambre, donnent, comme effectifs, les chiffres suivants :

3e armée 120.000 hommes.

2e armée 210.000 hommes.

1re armée 215.000 hommes.

Soit un total de 545.000 hommes.

Trois corps, il est vrai, sont maintenus en arrière ; ce sont les XIXe et IIe corps actifs et le IVe corps de réserve, soit environ 120.000 hommes. Mais ils sont là ; et leur présence suffit pour soutenir la retraite ou exploiter le succès ; 545.000 hommes à la disposition des chefs, 425.000 hommes en ligne, telle est la masse combattante dont dispose le commandement.

Chaque corps d'armée allemand compte 144 pièces d'artillerie, dont un quart en obusiers légers ; le reste est en batteries montées avec un bataillon d'artillerie à pied ; cependant les corps de réserve n'ont, chacun, que 72 pièces, soit moitié de l'artillerie du corps actif.

La 1re armée allemande (von Kluck) est la pointe extrême du dispositif de ce côté ; elle marche à une certaine distance de la mer, droit sur Audenarde-Courtrai, son extrême droite devant accomplir le mouvement tournant jusqu'à Dunkerque et Calais, de façon à balayer tout le Nord, au moins jusqu'à la Somme, avant de se rabattre sur Paris.

Von Kluck est parti de la Gette, le 19, pour sa grande randonnée. Précédés, comme nous l'avons dit, par la cavalerie von Marwitz, ses gros progressent, la droite en avant, avec une rapidité extrême et couvrent, au sud de la Demer, une large bande de terrain qui s'aligne en son milieu par Tirlemont, Louvain, Bruxelles, Sotteghem, Audenarde, Courtrai. Son corps de flèche est le IIe corps, commandé par un des généraux allemands les plus réputés, von Linsingen. C'est lui qui tient l'aile marchante. Il n'est pas question de se porter, pour le moment, sur Charleroi et Mons ; l'objectif est plus au nord et droit à l'ouest. Si les armées von Bülow et von Kluck longent la Sambre, la Sambre n'est pas leur but ; elles vont au delà et ne doivent marquer leur mouvement de conversion au sud que quand elles auront atteint l'Escaut, de manière à se rabattre par Lille, Arras, Amiens, sur la Seine, peut-être même à l'ouest de Paris qui se trouverait ainsi coupé de Calais, de Dunkerque de Rouen et du Havre. On attaquera l'ennemi si on le rencontre Mais le but principal est de l'envelopper complètement et, pour cela, d'atteindre la mer.

Rappelons toute l'importance du mouvement tournant dans la doctrine allemande et surtout dans le système de Schlieffen : un adversaire tourné est un adversaire battu, parce qu'il est attaqué de deux côtés à la fois et que la convergence des feux l'assomme au moment même où il craint pour ses communications. Le mouvement tournant est donc la condition indispensable de la victoire. Il ne s'agit pas d'un mouvement d'aile plus ou moins adroitement exécuté et caressant, pour ainsi dire, l'armée ennemie : il s'agit du round brutal dans les côtes qui lui fait perdre à la fois l'équilibre et le souffle ; l'armée battue ne doit plus respirer après ce coup.

La doctrine de Schlieffen multiplie la puissance des mouvements d'aile en les assénant de deux côtés à la fois et en les faisant converger l'un vers l'autre. Une raison de plus pour que la manœuvre soit achevée, complète, sans repentir et sans bavure. L'enveloppement de l'armée ennemie est la condition de l'étreinte et de l'écrasement. Les armées allemandes de droite sont parties pour accomplir cette besogne audacieuse et brutale.

Et c'est pourquoi on a donné à ces armées à la fois le poids et la souplesse par la masse des effectifs et leur incomparable organisation : tout ce qu'une savante préparation et une longue sélection peuvent obtenir comme entraînement et comme choix, elles l'ont : le meilleur personnel, le meilleur matériel, les soldats, les chefs.

Ce sont ces troupes incomparables dont l'apparition en Belgique causa, à la fois, l'éblouissement et la stupeur : ordre, discipline, éclat, splendeur. Cuivres astiqués, buffleteries fraîches, uniformes neufs, troupes de couverture s' abattant sur le pays comme des nuées de sauterelles ; gros se mouvant en rangs serrés avec le maximum d'accélération ; automobiles, bicyclettes, canons, obusiers, mitrailleuses, cuisines roulantes, hommes et machines, foules militaires roulant leurs flots pressés toujours, toujours. Musiques, tambours et fifres, sonnant, tapant et sifflant, voix rauque du commandement, pas de parade martelant le pavé des villes : peuple casqué, tribus en armes se précipitant à la mort, — machine prodigieuse comme le monde n'en avait jamais vu et n'en reverra jamais !

III. — PLAN, EFFECTIFS ET POSITIONS DE L'ARMÉE FRANÇAISE.

Le premier dispositif français avait tourné la plus grande partie de nos forces vers la frontière de l'Est. Nous avons dit que le projet du haut commandement français était d'attaquer par l'Alsace et la Lorraine en s'appuyant à droite sur le Rhin pour porter, le plus tôt possible, la guerre en Allemagne. Décidé à respecter la neutralité belge, il n'avait pas d'autre débouché. Mais il avait aussi pour intension positive, dès le début, d'appuyer ce mouvement d'aile droite par une attaque frontale qui, dans la région du Luxembourg, prendrait à partie les armées allemandes si elles envahissaient la Belgique.

Dans quelle mesure le commandement français s'attendait-il à la violation de la neutralité belge et quelles précautions avait-il prises en vue d'une telle éventualité ? Il est impossible de reprendre ici tout le débat. Mais, ce qui paraît exact, c'est que le commandement français, tout en ayant la conviction que le territoire belge serait violé, n'allait pas jusqu'à penser que le haut commandement allemand prendrait le parti de déboucher sur la rive gauche de la Meuse et d'envahir la Belgique entière.

Les conséquences d'une pareille détermination étaient si graves pour l'Allemagne que notre état-major avait peine à admettre que ses généraux assumeraient, de propos délibéré, une telle responsabilité. On avait, en effet, les raisons les plus sérieuses de penser que si la neutralité belge n'était pas atteinte au Nord de la Meuse, le gouvernement belge et le gouvernement britannique réfléchiraient avant de se lancer immédiatement dans la guerre.

Comment croire que l'Allemagne, pour un avantage stratégique douteux, romprait brutalement avec ces puissances et déchaînerait, avec leur hostilité immédiate, la vindicte prochaine de l'univers? En vérité, on ne pouvait fonder tout un système militaire sur une éventualité aussi incertaine et sur l'aléa d'une décision aussi absurde ; l'intérêt de l'Allemagne n'éclairait-il pas ses intentions et ses desseins ?

Le choix que fit l'Allemagne — avertie comme elle l'était des conséquences — ne peut s'expliquer que par la détermination arrêtée, dès lors, dans la pensée du gouvernement allemand, de considérer l'Angleterre comme son principal ennemi et de viser à l'anéantissement de cette puissance tandis qu'elle était encore désarmée. Elle est, sans doute, la raison du projet de marche des armées allemandes à travers la Belgique du Nord, droit sur l'Ouest et la mer, avec Dunkerque et Calais pour objectif immédiat.

Le commandement français, qui se plaçait surtout à un point de vue national et qui raisonnait d'après les données ordinaires du bon sens, se croyait donc suffisamment protégé en disposant ses troupes depuis Rocroi et même Venins jusqu'aux Vosges, puisque une partie importante de nos corps d'armée se trouvait ainsi placée face à la Belgique et au Luxembourg.

Il avait, d'ailleurs, d'autres devoirs : c'était de veiller à la défense du territoire français sur toute l'étendue de la frontière. Pouvait-il négliger la région de l'Est ? Était-il en droit d'affaiblir, outre mesure, les armées qui protégeaient Nancy et Verdun ?

Le plan général allemand embrassait, comme les faits le prouvèrent, non seulement une attaque par la vallée de l'Escaut, mais aussi une offensive sur la Trouée de Charmes. Donc, il fallait être prêt partout. Tant pour l'offensive en

Alsace et en Lorraine annexée que pour la défensive en Lorraine française, notre force de l'Est ne devait, à aucun prix, être sacrifiée.

Tout en montant sa propre manœuvre, le commandement français n'en surveille pas moins celle de l'ennemi. Il recueille les moindres indices qui peuvent lui révéler les projets du commandement allemand à l'Ouest. Celui-ci les cache avec un soin jaloux jusqu'au 19.

Le corps de cavalerie Sordet, qui a battu toute la Belgique, n'a apporté aucune donnée certaine : on croit plutôt au *bluff*. Les années allemandes sont toujours immobiles, voilées par le rideau mouvant et impénétrable de leur nombreuse cavalerie.

Cependant, un fait précis apporte, le 15, quelque lumière. Les troupes de couverture de l'armée von Hausen tentent de forcer la Meuse à Dinant : ce coup de sonde donne à penser que les armées allemandes n'ont pas pour objectif seulement la vallée française de la Meuse et qu'elles chercheront à déboucher plus au Nord, peut-être dans la direction de Maubeuge.

Immédiatement les précautions sont prises. Elles consistent, — pour parer à une éventualité encore incertaine, mais qui se précise, — à constituer, dans cette région, une puissante armée capable de faire tête à la manœuvre allemande si elle se manifeste dans cette direction. Une fois les mesures prises pour l'offensive à l'Est, l'attention du haut commandement français se porte presque uniquement vers le problème de l'Ouest.

Jusqu'à la date du 15, l'armée Lanrezac gardait le débouché des Ardennes, avec mission éventuelle de foncer sur les armées cachées dans cette région.

C'est le 15 que cette armée reçoit l'ordre de s'élever sur le territoire belge dans la direction de Namur ; c'est également le 15 que le 18e corps, rattaché jusque-là aux armées de l'Est et en réserve vers Toul, reçoit l'ordre de s'embarquer pour se porter sur la Sambre ; c'est du 13 au 16 que les divisions d'Algérie, antérieurement dirigées vers l'Est, sont acheminées vers la région de Chimay où elles débarquent ; c'est le 16 que le général d'Amade reçoit l'ordre de quitter le commandement de la région de Lyon pour se rendre à Arras et y constituer une armée nouvelle.

Dès lors, aussi, l'armée britannique, débarquée en Thiérache, combine son mouvement avec celui des armées françaises et se prépare à rejoindre la Sambre ; le groupe des divisions de réserve, commandées par le général Valabrègue, qui a organisé, pour la défensive, la région de Vervins, va se porter dans cette même direction.

Ainsi se trouve prévu et créé un front compact, s'étendant de Dunkerque à Dinant.

Mais l'on ne sait rien encore de certain sur les projets du commandement allemand : celui-ci couve son piège et sa surprise. Dans le doute qui subsiste, le commandement français se tient prêt en vue de deux hypothèses.

De deux choses l'une : ou les armées allemandes déboucheront sur la Meuse moyenne ou plus au Sud encore, et, alors, les armées françaises du Centre, secondant l'offensive déjà déclenchée dans l'Est, les attaqueront par les Ardennes et, en même temps, les armées de l'Ouest (armée Lanrezac, armée britannique, etc.) entreprendront de tourner l'ennemi par Namur, Charleroi, Mons ; ou bien les Allemands déboucheront au Nord de la Meuse sur Bruxelles et les places du Nord de la France : alors l'armée Lanrezac, l'armée britannique, etc., arrivées sur la Sambre, tenteront de les prendre de flanc pendant leur marche, tandis que nos armées du Centre (3e et 4e armées) fonceront droit au Nord pour les couper de Metz et du territoire allemand. En un mot, *notre* bataille étant une fois accrochée vers l'Est, toutes les forces disponibles se jetteront sur les armées allemandes pour les prendre de flanc dans l'Ouest, en plein mouvement tournant.

La preuve que cette volonté est celle du haut commandement français ressort à la fois des documents et des faits[1] : sa préoccupation principale, celle qui se manifeste par des ordres réitérés, est de garder ses armées bien ramassées et unies autour de la Meuse, de ne pas les laisser s'aventurer ni trop au Nord, ni trop à l'Ouest, de les maintenir à l'état de bloc offensif qu'on jettera sur la masse allemande en mouvement pour essayer de la briser.

Attaquer le Rhin et surveiller la Meuse : ainsi, dans la mesure du possible, on protège la Belgique et le Nord, mais, pour rien au monde, on n'obéirait à la manœuvre allemande qui voudrait nous forcer à dégarnir la région de l'Est ; pour rien au monde on n'abandonnerait la liaison de toutes nos armées soit de l'Est, soit de l'Ouest avec leur principal point d'appui au centre, Verdun.

Le 20 août, le front des armées alliées se présente en Belgique Occidentale dans les conditions suivantes :

A droite, la place de Namur, avec ses neuf forts, protège la région d'entre Meuse et Sambre. La 4e division belge (général Michel) est affectée à la défense de cette place ; elle a reçu, en plus, la 8e brigade qui, primitivement, occupait Huy.

Le 22, cette garnison sera encore renforcée par la 8e brigade française (général Mangin). On pensait que Namur, ainsi défendu, pouvait tenir aussi longtemps que Liège : la place était, pour ainsi dire, le pivot de la bataille à droite et appuyait l'offensive française qui avait, d'ailleurs, pour mission de la dégager.

Vient ensuite la 5e armée (général Lanrezac), qui va porter son quartier général à Chimay le 21 à 10 heures ; les corps de cette armée sont échelonnés au Sud de la Sambre dans l'ordre suivant, de droite à gauche :

1° Le 1er corps (général Franchet d'Espérey), quartier général Anthée, auquel est rattachée la 8e brigade (général Mangin). Il garde les passages de la Meuse au Nord de Revin. Il attend la 51e division de réserve (général Bouttegourd) qui doit le relever de la garde des ponts sur le fleuve. Alors, il se portera plus au Nord, dans l'angle de la Sambre et de la Meuse, pour déboucher à l'abri des forts ouest de Namur.

2° A gauche, le 10e corps (général Defforges), quartier général Florennes, ses avant-gardes à Fosse, avec ordre de s'opposer au débouché des colonnes ennemies, au Sud de la Sambre ; est adjointe à ce corps la 37e division d'Afrique (général Comby) occupant, plus au Sud, la zone Florennes-Philippeville.

3° Toujours à gauche, le 3e corps (général Sauret), quartier général à Walcourt ; il occupe le front Villers-Poterie-Loverval d'où il domine Charleroi sur la rive Sud. Ce corps reçoit comme renfort la 38e division d'Afrique (général Muteau) qui occupe la région Somzée, Gourdinne, Berzée.

---

[1] Voir l'ensemble des preuves et les positions détaillées des corps allemands et français dans l'*Histoire de la Guerre de 1914*, t. V, p. 263 et sq.

4° Plus à gauche, le 18e corps (général de Mas-Latrie) ; venu de Toul, il opère son débarquement dans la région d'Avesnes, prêt à se porter sur la Sambre. Son quartier général est à Solre-le-Château le 20, à Beaumont le 21. Il est en liaison avec le 3e corps par Ham-sur-Heure.

5° Le corps de cavalerie (général Sordet) était, le 20 au soir, en train de se replier vers l'Ouest ; épuisé à la suite de la rude randonnée qu'il avait fournie dans toute la Belgique, il avait été très éprouvé, le 19, à Perwez dans des engagements au Nord de la Sambre ; il occupait, sur le canal de Charleroi à Bruxelles, la région de Gosselies, Fontaine- l'Évêque, avec la mission de protéger les débarquements de l'armée anglaise.

6° A l'Ouest, le terrain était encore vide de troupes, à cette date du 20 août. Mais le 4e groupe de divisions de réserve (53e et 69e) commandé par le général Valabrègue, après avoir organisé défensivement la région de Vervins, reçoit l'ordre de se porter vers le Nord dans la direction de Maubeuge, pour combler ce vide. La place de Maubeuge, avec sa puissante garnison et ses forts, dont plusieurs modernes, joue, à gauche, le rôle de point d'appui, comme Namur le joue à droite. Le groupe des divisions de réserve arrivera, le 22 au soir, pour se loger, à gauche du 18e corps, dans la zone Avesnes-Ferrière-la-Petite-Solre-le-Château.

7° On comptait que l'armée britannique viendrait prendre sa place sur le terrain, le 20. Mais elle n'arriva que le 22. Le 20, elle est encore très en arrière dans la région du Nouvion-Wassigny-Le-Cateau. Si elle eût été en place le 20, l'armée alliée se fût trouvée constituée au moment même où les Allemands entraient à Bruxelles. Le rôle réservé à l'armée britannique était d'exécuter un mouvement tournant d'aile gauche en se portant au Nord de la Sambre vers Mons, direction de Soignies-Nivelles ; on pensait qu'elle y serait avant von Kluck. Malheureusement, ainsi que le reconnaît l'Exposé de six mois de guerre, elle n'arrive pas le 20, comme y comptait le commandement français. Le maréchal French écrit dans son rapport officiel : La concentration était pratiquement achevée le 21 août (jour où les Allemands attaquent sur la Sambre) ; je pus, dès le 22, prendre mes dispositions pour envoyer les troupes sur les positions que je trouvais les plus favorables. En fait, il ne fut en ligne que le 23.

Le 22 août, le 1er corps anglais aura son quartier général à Maubeuge et cherchera sa liaison avec le 18e corps français par Peissant-Thuin. Le 2e corps (général Smith Dorrien) s'échelonne de Maubeuge à l'Escaut. C'est dans cette direction que les deux mouvements tournants, celui de l'armée allemande et celui de l'armée alliée, marchaient en quelque sorte à la rencontre l'un de l'autre et devaient se heurter.

8° Heureusement, l'armée britannique ne forme pas à elle seule l'extrême aile gauche de l'armée alliée. Une armée de formation toute récente, l'armée d'Amade, est en train de débarquer à Arras, avec mission de constituer d'urgence un barrage de Maubeuge à la mer. C'est l'exécution d'une volonté du général Joffre remontant à la date du 15 : on sent toute l'importance de cette création. A la manœuvre d'enveloppement, le commandement français oppose une manœuvre de contre-enveloppement tout à fait imprévue pour l'ennemi. L'armée d'Amade crée, rien que par sa présence, un obstacle à la mission qu'a reçue l'armée von Kluck. Il est vrai que la nouvelle armée ne comporte que des troupes territoriales insuffisamment armées et encadrées. Mais les 3 et bientôt 4 divisions qui la composent, chacune à 4 régiments d'infanterie à 3 bataillons, n'en présentent pas moins un effectif imposant de près de 60.000 hommes. En outre, elle s'appuie sur la place de Lille dont le général Herment organise la défense et qui comptera bientôt une garnison de près de 18.000 hommes avec 340 bouches à feu. L'armée d'Amade recevra, en outre, à bref délai, l'appoint de deux autres divisions : la 61e et la 62e divisions de réserve, soit 36.000 hommes.

Récapitulons l'ensemble de ces effectifs, qui composent l'armée des Alliés sur le front occidental à la veille des combats de la Sambre.

D'abord, les forces françaises de la CINQUIÈME ARMÉE (général Lanrezac).

51e division de réserve (Bouttegourd), 8e brigade (Mangin), 1er corps (Franchet d'Espérey), — 10e corps (Defforges), avec la 37e division d'Afrique (Comby) ; — 3e corps (Sauret), avec la 38e division d' Afrique (Muteau) ; — 18e corps (de Mas-Latrie), — deux divisions de réserve (Valabrègue), — le corps de cavalerie (Sordet) à 3 divisions, 1re, 3e et 5e : soit une armée d'au moins 280.000 hommes, 800 canons, plus de 100.000 chevaux et 20.000 voitures.

Outre les 280.000 hommes du général Lanrezac, il faut tenir compte des 25.000 hommes du général Michel à Namur, et des 35.000 hommes du général Fournier à Maubeuge.

A ces forces, il faut ajouter :

L'ARMÉE BRITANNIQUE (maréchal French), comptant : le 1er corps (général Haig), le 2e corps (général Smith Dorrien), la division de cavalerie (général Allenby) ; et, à partir du 24, les 15.000 hommes de la 4e division (général Snow), formant un total de 85.000 hommes.

L'armée d'Amade, avec ses 4 divisions territoriales, et la garnison de Lille, soit un total de 75.000 hommes et, à partir du 25, les 36.000 hommes des 61e et 62e divisions de réserve, le tout donnant un total de 111.000 hommes.

Les armées alliées opposent donc, du 22 au 25, aux 545.000 hommes des armées allemandes, un chiffre global de 536.000 hommes.

Il est vrai que l'armée française n'est pas toute en place le 22, et que les divisions territoriales sont dans des conditions d'armement et d'encadrement assez médiocres. Mais les corps allemands ne sont pas tous sur le front, ainsi que nous l'avons établi ci-dessus et les trois forteresses de Namur, Maubeuge et Lille donnent de la consistance au front français et paraissent pouvoir offrir à l'armée alliée de solides point d'appui, soit pour l'offensive, soit pour la défensive.

Le général Joffre est donc en droit de penser que si le premier devoir d'un chef est d'opposer des troupes au moins égales en nombre à celles de l'adversaire ses précautions sont prises, et que, malgré le retard de l'armée britannique, les forces allemandes trouveraient, sur la Sambre, des forces alliées suffisantes pour garder la maîtrise des opérations.

Et telle est sa pensée et sa volonté ; en effet, si le mouvement très aventuré des armées allemandes se poursuit d'Est en Ouest, son intention est de les attaquer au moment même où sa 3e et sa 4e armées procèdent à l'offensive des Ardennes, de façon à les prendre de flanc, à les rejeter dans le Nord, et à les séparer, vers Namur, de l'armée de von Hausen et des deux autres armées opérant dans le Luxembourg. A la manœuvre allemande, il oppose une manœuvre inspirée par sa volonté constante de briser l'armée allemande de l'Ouest allongée outre mesure, en l'arrêtant à gauche et en l'attaquant sur un point faible de son immense développement.

Ainsi, à la date du 20 août au soir, deux grandes armées, de forces à peu près égales, — dépassant chacune 500.000 hommes, — s'avancent l'une vers l'autre, sur le territoire belge, avec une même volonté d'offensive.

Nous avons dit l'impulsion prodigieuse donnée à l'armée allemande et sa direction droit à l'Ouest ; mais nous n'avons pas assez dit l'effort imposé aux troupes de ces armées et les marches surhumaines qui leur sont ordonnées.

Les étapes de l'infanterie sont, chaque jour, de 25 à 50 kilomètres. Partis tard, il faut que les gros arrivent au but d'un bond. Tous les moyens mécaniques, voies ferrées, automobiles, bicyclettes, sont employés et multipliés à l'infini. Ces premières journées de la campagne, sous les ardeurs de la canicule, offrent le spectacle d'une course terrible, haletante, dont le soldat allemand accomplit le tour de force, voulu par ses chefs mais qu'il payera plus tard.

L'armée des alliés se présente dans des conditions différentes. Formée un peu tardivement, elle aussi a subi de dures fatigues ; mais surtout elle souffre du défaut de coordination dans le haut commandement, chacune des armées, française, anglaise, belge, a ses chefs propres ; ils ont peu de rapports entre eux et ces rapports sont mal définis. Les plans ne sont ni délibérés, ni coordonnés. Il est permis de dire aujourd'hui que le commandement belge, en prenant le parti de retirer son armée dans le camp retranché d'Anvers, obéit à une conception politique et militaire qui n'était déjà plus conforme aux nécessités du moment. De même, l'armée britannique n'apparut dans la région que le 23, tandis que la bataille était engagée depuis deux jours et déjà compromise entre Namur et Charleroi. Le rôle d'aile tournante que l'armée anglaise devait remplir fut ainsi manqué à l'heure décisive.

L'armée Lanrezac était puissante ; elle était rendue sur le terrain. Cependant, certaines divisions de réserve, envoyées en renfort, n'étaient pas en place, notamment la 51e division de réserve, dont le retard tint le 1er corps immobilisé à la défense des ponts de la Meuse.

En général, une sorte de lourdeur dans les mouvements présente un contraste frappant avec l'étonnante vélocité des armées allemandes. Du 19 au 21, trois jours sont perdus d'un côté et combien avantageusement employés de l'autre ! C'est pendant ces journées que les chefs allemands voient se réaliser leur grand dessein.

En marche le 19, s' élançant le 20, débouchant le 21, les armées allemandes prenaient, à l'heure même de la bataille, l'avantage principal, l'initiative.

Cette initiative, elles l'ont gagnée par la résolution initiale de violer la neutralité belge, par le plan prémédité, et si longtemps dissimulé, qui les porte sur la rive gauche de la Meuse ; elles l'obtiennent surtout par la rapidité extraordinaire de leur action.

Du 19 au 21, les résultats sont les suivants : la Belgique couverte de la galopade des uhlans jusqu'à Tournai ; Namur entourée, assiégée ; l'armée von Bülow, après avoir bousculé notre cavalerie, se mouvant d'un seul bloc, sa gauche à la Sambre dans la direction de Mons ; l'armée von Kluck, projetée plus loin encore, abordant, par sa gauche, la région de Nivelles, que l'armée anglaise cherche à atteindre, la croyant libre d'ennemis; dans le Luxembourg, von Hausen se mettant en marche pour venir surprendre, entre Fumay et Dinant, les communications de la 5e armée.

En un mot, les armées allemandes ont envahi la Belgique et arrivent les premières sur le terrain quand les armées alliées sont encore en train de se masser. Ainsi, l'initiative du commandement allemand pèse sur la manœuvre des armées alliées.

Observons, toutefois, que les dispositions stratégiques prises par le général Joffre n'ont pas encore rendu tout leur effet. Sa force principale, abritée derrière la Sambre, appuyée sur les places de Namur et de Maubeuge, menace les armées allemandes qui défilent devant elle et une force moindre, mais non négligeable, fait barrage pour s'opposer à leur mouvement tournant et empêcher leur débouché vers la mer. Si le commandement allemand est prêt à attaquer, le commandement français est prêt à attaquer aussi et il garde la volonté et les moyens de reprendre, à son tour, l'initiative.

Ainsi, s'engagent, le 21 août, les combats de la Sambre, c'est-à-dire l'ensemble des événements militaires connus sous le nom de Bataille de Charleroi.

IV. — LES COMBATS DE LA SAMBRE. - L'ORDRE DE LA RETAITE.

Le 21 août, les deux armées se trouvent à proximité l'une de l'autre, mais non pas exactement affrontées. L'armée allemande glisse entre la Sambre et la mer, la droite en avant avec une direction générale obliquée vers l'Ouest et le Sud-Ouest, direction de Valenciennes. L'armée française garde la Sambre, se préparant à déboucher au Nord de la rivière, mais avec une inclinaison légèrement oblique vers le Nord-Est, direction de Namur.

La Sambre sépare les deux armées.

Cette séparation que fait la Sambre n'a pas, en réalité, une portée stratégique considérable. Quoique l'histoire militaire compte, dans cette région, des lieux illustres (Mons, Jemmapes, Fleurus), les proportions et les ressources de la guerre moderne n'y trouvent ni des facilités ni des obstacles pouvant aider ou arrêter sérieusement des opérations de grande envergure. Surtout la nature des lieux s'est si profondément modifiée en raison du développement de l'industrie du charbonnage et des industries annexes que rien ne ressemble moins à un champ de bataille propice aux évolutions de puissantes armées.

Trois régions très différentes se partagent le bassin de la Sambre, si l'on remonte son cours, à partir de Namur. en se dirigeant vers l'Ouest jusqu'à Valenciennes et vers la vallée de l'Escaut. Ce sont : la région industrielle dont Charleroi est la capitale ; le Borinage, ou région minière, groupée autour de Mons ; au delà, sur l'Ouest, la région agricole ou des grandes fermes. La Sambre est une rivière d'une très modeste largeur, même à Charleroi, qui, prenant sa source parmi les pâturages de la Thiérache, vient, par une courbe dont Maubeuge est le point culminant, se jeter dans la Meuse à Namur. Née dans les verdures et les bois, elle coule au fond d'une étroite vallée longée, de part et d'autre, par des collines pittoresques et gracieusement meublées ; mais, à partir de son entrée dans le Borinage, son canal fait un dur couloir où les eaux noires coulent comme une traînée de lave entre deux murs de charbon : la mine salit tout, même les eaux vives. Le reflet de l'usine est une tristesse de plus dans un paysage, jadis agreste, que le travail et l'industrie humaine ont si profondément transformé.

Dumont-Wilden a donné, de la région de Charleroi, quelque temps avant la guerre, une description qu'on croirait faite exprès pour expliquer le drame militaire qui allait s'y dérouler :

Quand, du haut du plateau, qui, au Nord, domine la Sambre et qui a conservé le caractère agreste que toute cette partie du Hainaut avait avant l'envahissement de l'industrie, on découvre tout à coup le pays de Charleroi, on ne voit d'abord qu'une immense agglomération ; on se croirait aux abords d'une ville gigantesque, d'une ville presque aussi grande que Londres. Des multitudes de fabriques envoient dans le ciel, par leurs hautes cheminées, des nuages fuligineux ; les maisons succèdent aux maisons, les rues aux rues, et c'est à peine si, çà et là, le parc d'un directeur d'usine, un champ eu un bois oublié piquent une note verdoyante dans cet horizon noirâtre. Ce pays de Charleroi n'est, en effet, qu'une agglomération de faubourgs ouvriers. Jumet, Gilly, Lodelinsart, Courcelles, Montignies, Couillet Roux, Marchiennes-au-Pont, Marcinelle, Gosselies, Fontaine-l'Évêque qui n'étaient, il y a cinquante ans, que de modestes villages sont aujourd'hui peuplés comme des villes. Ils étendent au loin leurs maisons basses se touchant l'une l'autre à tel point que l'étranger qui parcourt le pays se figurerait aisément, après l'avoir traversé tout entier, qu'il n'a pas quitté le faubourg de Charleroi.

Ce sont donc de longs faubourgs industriels se développant sur les bords de la Sambre et du canal, du côté qui regarde Namur et, à gauche, le long de la route qui gagne Mons. Sauf quelques coupures verdoyantes, la région est barrée, en quelque sorte, par la succession fastidieuse des corons et des maisons ouvrières, tassés aux pieds des usines et dont l'horizon est encombré par la forme géométrique des terrils.

Au-dessus de cet océan de maisons, d'ateliers et d'usines, toujours couvert d'une atmosphère de fumée, s'élèvent, de part et d'autre, en pentes assez rapides, les deux lignes de collines parallèles à la rivière. Elles sont ravinées par le cours de petits ruisseaux descendant vers la Sambre et déterminant, ainsi, des redans dont les avancées forment les défenses naturelles de la vallée.

Les pentes et les crêtes se surveillent de part et d'autre et forment des observatoires d'où les artilleries peuvent se canonner entre elles, mais sans atteindre les fonds que par des tirs courts et plongeants.

Dans ces fonds, la Sambre et le canal forment à peine des obstacles : quelques mètres à franchir sous la protection des maisons qui, parfois, trempent leurs pieds dans les eaux ; au bout de chaque rue transversale un peu importante, un pont ; le cours d'eau franchi, des quais étroits et le réseau des rues et des ruelles qui dévalent des collines ou y grimpent en se contournant et s'achèvent par des sentes bordées de maigres jardins de banlieues, de guinguettes, de cabarets et de villas. Des murs, des palissades, des haies, des clôtures en fil de fer, tout signale le morcellement, l'émiettement de la petite propriété ouvrière. Pour l'assaut, ce sont de parfaits défilements.

C'est dans cet étroit couloir sans accès et sans vues, sans plaine et sans horizon, que se heurtent les deux puissantes armées lancées l'une pour envahir la France et l'autre pour lui barrer la route. Assurément, si les commandements avaient voulu cette bataille, ce n'est pas ce terrain qu'ils eussent choisi.

On trouvera, dans notre *Histoire de la Guerre de 1914*, un exposé détaillé des combats de la Sambre ; il suffît de mentionner ici les faits militaires principaux affirmant les caractères de ces combats avec leurs conséquences tactiques et stratégiques.

L'avantage que le commandement allemand avait pris par l'initiative stratégique résultant du plan général d'opérations pax la Belgique et la rive gauche de la Meuse se traduit ainsi qu'il suit :

Dans l'espèce de mouvement en éventail que les armées allemandes commencent en tournant autour de Namur comme pivot, elles arrivent les premières dans la plaine de Nivelles et elles entreprennent aussitôt la marche vers l'Ouest, qui s'appuie à gauche sur la Sambre et à droite sur la Demer.

Mais la cavalerie et les avions apprennent au grand état-major allemand que d'importantes forces françaises sont massées au Sud de la Sambre. Des contacts ont été pris entre les deux cavaleries, le 19, à Perwez. Sur la rivière les ponts sont occupés.

Dans cette situation des deux armées, la place de Namur prend une importance considérable. Peut-être le projet originaire du commandement allemand était-il simplement de la masquer. Mais, dans la nuit du 20 au 21, la résolution est prise de balayer la Sambre et le canon tonne sur Namur, le 21 août, à 10 heures. On peut dire que la bataille vient chercher la rivière : en effet, le même jour, et presque à la même heure, un effectif de 1.500 cavaliers allemands apparaît, d'abord, sur les collines qui dominent la rivière sur la rive gauche, à Saint-Martin ; puis c'est l'artillerie qui prend position à Saint-Martin-sur-Velaine (cote 183) ; puis ce sont des masses de l'infanterie descendant vers la rivière par Gembloux-Fleurus. Bientôt, les avant-gardes françaises qui surveillent la rive droite sont avisées que Tongrinne et Fleurus sont encombrées de troupes ennemies : les gens du pays disent 100.000 hommes. C'est donc une armée qui se hâte dans la direction de Charleroi. Les batteries allemandes s'approchent et s'installent au Bois du Curé, sur un redan qui domine la Sambre : la canonnade tonne de ces hauteurs vers midi. La bataille est commencée.

Que faisait-on, au même moment, dans le camp français ?

Pour la journée du 21, le général Lanrezac a donné des instructions offensives-défensives, par conséquent un peu obscures : les corps d'armée se disposeront à attaquer entre Namur et Nivelles, mais ils n'attaqueront pas. Le 1er corps (Franchet d'Espérey) restera sur la Meuse à attendre la relève de la 51e division ; le 10e corps (Defforges) se tiendra sur les hauteurs au sud de la Sambre (Fosse-Vitrival), et gardera aussi les ponts ; le 3e corps (Sauret) s'opposera au débouché de l'ennemi sur Châtelet[1].

Le 18e corps (Mas-Latrie), les divisions de réserve, l'armée britannique sont encore en arrière, loin de l'ennemi, et font une ligne oblique Sud-Ouest de Charleroi au Nouvion.

---

[1] Ces instructions sont les suivantes pour le 3e corps : se tenir prêt à l'offensive ; être en mesure de s'opposer éventuellement à un débouché de forces ennemies au sud de la Sambre ; se préparer à appuyer et à flanquer le 10e corps à sa droite et le 18e corps à sa gauche ; veiller et arrêter les incursions de la cavalerie ennemie sur les ponts de la Sambre.

Les corps de l'armée alliée forment ainsi, au moment où la lutte va s'engager, une sorte de pyramide dont la pointe est le 3e corps appuyé par le 10e corps.

Soit pour l'offensive, soit pour la défensive, ce dispositif est très dangereux. D'ailleurs, la pensée du général Lanrezac est de n'attaquer que le lendemain. Il prend ses mesures en conséquence : il compte qu'il aura le temps de porter son 1er corps en avant dès que la division de relève sera arrivée, et que ce corps mènera l'attaque dans l'encoignure de la Sambre et de la Meuse, sous le feu de la place de Namur.

Journée du 21 août.

Mais le commandant de la 5e armée n'est plus maître des événements. Pendant qu'il élabore ses instructions, les Allemands ont attaqué, le 21, a 12 h. 45, et ils ont attaqué précisément les deux corps de flèche, en les prenant de flanc par le côté que couvre insuffisamment le 10e corps, échelonné depuis les hauteurs du sud de la Sambre jusqu'au pont d'Auvelais.

Les Allemands se sont insinués peu à peu dans les faubourgs de la rive gauche ; ils ont gagné de jardins en jardins, de maisons en maisons, de ruelles en ruelles, jusqu'au moment où ils ont été arrêtés par le canal qui borde la Sambre. Ayant ainsi filtré, ils se trouvent en présence des avant-postes du 10e corps qui gardent les ponts de Tamines et d'Auvelais. Luigi Barzini, qui se trouvait sur les lieux, a parfaitement décrit ces préliminaires de la bataille auxquels il assista, sans qu'il ait pu, sur le moment, en prévoir les suites :

Entre les maisons et la place de la Gare passe un canal navigable dérivé de la Sambre qui traverse la ville plus au Nord ; sur le canal, deux ponts tournants qui donnent accès à la ville étaient barrés par des chaînes. Au bord du canal, les soldats construisaient en hâte une barricade faite de pierres prises à un chantier. La ville avait l'air de s'intéresser intensément à ces préparatifs. Aux fenêtres apparaissent des visages curieux, et le long des trottoirs encombrés de tables de café, des passants s'attardaient à regarder. Rien de plus étrange que le contraste entre la tranquillité de la ville et ces fébriles apprêts de bataille. Le silence se prolongeait. Il y avait des moments d'alarme, les sous-officiers prenaient leur revolver en criant des ordres ; c'était alors une fuite précipitée des passants ; puis, l'on revenait à une attente plus calme. Les trottoirs se vidaient et se repeuplaient tour à tour. Voilà ce qui se passait : des patrouilles de uhlans venant de Gosselies entraient à Charleroi, et, au passage des ponts, étaient arrêtés par les avant-postes français. La bataille de Charleroi a commencé par cette chasse à l'affût. A la gare se trouvait la dernière embuscade.

L'après-midi du 21 est marqué par trois séries d'événements militaires : bombardement de Namur, combats du 10e corps à Auvelais-Arsimont, combats du 3e corps de Châtelet à Charleroi.

Namur et le 1er corps. — Le bombardement de Namur, assiégé par le VIIe corps de réserve, commence à 10 heures du matin, avec une grande violence ; le soir, le fort de Maizeret a encore ses coupoles en état ; les forts d'Andoy et de Marchovelette sont très endommagés ; le fort de Cognelée est à peu près intact ainsi que les forts de l'Ouest: Emines, Suarlée, Malonne, Saint-Héribert, Dave. Trois bataillons français de la 8e brigade Mangin sont venus renforcer la garnison belge du général Michel. Le 1er corps (général Franchet d'Espérey) garde dans la journée les ponts de la Meuse en attendant l'arrivée de la 51e division de réserve Bouttegourd ; il porte, toutefois, une brigade sur Sart-Saint-Laurent.

10e corps. — A 10 heures du matin, au moment où commence le bombardement de Namur, l'ennemi ayant prononcé une faible attaque d'avant-garde sur le pont de Tamines, le général Bonnier (19e division) renforce la garnison du pont d'Auvelais que la Garde prussienne attaque à midi 45, refoulant le 70e ; les villages de Tamines et d'Auvelais deviennent de véritables nids à projectiles. Mais l'ennemi dévale des collines, se renforce et s'empare à 14 h. 30 du pont d'Auvelais. Le général Defforges prescrit alors au général Boë (20e division) de soutenir Bonnier que l'ennemi qui a franchi la Sambre tente de couper du 3e corps ; le 71e reçoit à 16 h. 30 l'ordre de rejeter coûte que coûte, au nord de la Sambre la Garde prussienne retranchée dans Auvelais ; mais celle-ci repousse les deux héroïques régiments de la division Bonnier qui refluent, à la nuit, vers Arsimont. A ce moment, la division Boë arrive fatiguée en arrière et à gauche de la division Bonnier, qui, à 9 heures du soir, perdait Arsimont et se retirait sur Cortil-Mazet. Ainsi, le corps de la Garde s'est emparé successivement des ponts d'Auvelais, Tamines, Ham-sur-Sambre, a rejeté les magnifiques contre-attaques du 10e corps, puis a suivi notre recul et monté les collines au sud de la rivière, cherchant à couper le 10e corps du 3e corps.

3e corps. — Le 3e corps (général Sauret) garde les passages de la Sambre de Tamines à Marchienne-au-Pont : la 5e division (Verrier) tient la droite jusque vers Aiseau; la 6e division (Bloch) occupe les hauteurs de Villers-Poterie, la 38e division (Muteau) en arrière vers Somzée. Vers 3 heures de l'après-midi, la cavalerie et l'avant-garde du Xe corps allemand attaquent Pont-de-Loup ; bientôt l'ennemi se glisse dans les faubourgs, apparaît partout sur les collines, le Xe corps de réserve appuyant, sur Charleroi, l'effort du Xe corps actif sur Châtelet-Pont-de-Loup-Roselies. A 7 h. 30 du soir, le 74e perd Roselies et Aiseau. Le général Verrier fait durant la nuit, reprendre Aiseau, mais il échoue sur Roselies à plusieurs reprises dans des offensives coûteuses.

Corps de cavalerie et la gauche de l'armée. — Le corps de cavalerie (général Sordet) tient la route de Charleroi à Mons ; il est bousculé dans l'après-midi, puis secouru par la brigade Hollender (du 3e corps). Le général Hollender a ordre de se tenir sur la défensive. Sa brigade est opposée au VIIe corps allemand qui ne débouchera que le lendemain. Le corps de cavalerie se replie vers le sud, découvrant Charleroi à l'ouest.

Heureusement, le 18e corps organise le front Thuin-Gozée-Ham-sur-Heure, sa cavalerie en avant gardant les ponts de Thuin à Marchienne ; mais le 4e groupe de division de réserve Valabrègue quitte seulement la région de Vervins ; et l'armée britannique très loin en arrière n'est encore que vers Saint-Hilaire-Landrecies-Le Cateau.

En somme, la journée du 21 a surpris le commandement français qui comptait prendre l'offensive le 22 après-midi. Le général von Bülow a porté rapidement la garde et le Xe corps contre les deux corps français, portés en flèche, 10e et 3e corps. Les choses sont gravement compromises pour le général Lanrezac, au moment même où il donnait les ordres pour attaquer le lendemain : tels sont les avantages de l'initiative !

Journée du 22 août.

Et cette journée du 21 n'est qu'une épreuve préliminaire. La journée du 22 est la bataille proprement dite. Bien entendu, le projet du général Lanrezac de déboucher, ce jour- là, au nord de la Sambre, n'a plus lieu en raison des événements ; les ordres qu'il a communiqués aux corps, le 21 au soir, sont périmés. L'ennemi a pris l'initiative et il la garde.

Namur et le 1er corps. — La journée du 22 août est dure pour la garnison de Namur ; malgré l'appui des trois bataillons français qui ont tenté une offensive pour dégager la place, la situation est difficile dans la soirée : le fort de Maizeret ruiné est évacué, le fort de Marchovelette est anéanti.

Le 1er corps reste l'arme au bras avec une seule brigade sur Sart-Saint-Laurent ; la relève de la garde des ponts de Meuse n'a lieu que dans la soirée.

10e corps. — Au 10e corps, l'ordre est donné de rejeter l'ennemi ; dès l'aube, dans les fonds de Sambre, la division Bonnier attaquant sur Aisemont-Auvelais, la division Boë sur Tamines, la 37e division algérienne (Comby), en renfort de la droite sur Fosse, Le général Boë, des 5 h. 50 du matin, progresse lentement sur Falisolle, mais le brouillard gêne l'artillerie et les bois sont fortement occupés par l'ennemi ; l'attaque échoue ; à gauche, le 3e corps est à nouveau rejeté de Roselies, tandis qu'à droite la division Bonnier, qui a réoccupé Arsimont, est ensuite rejetée par le feu violent de la garde sur le bois de Ham; la division Comby, qui intervient de ce côté subit de fortes pertes au 3e zouaves.

A partir de 11 heures du matin, le 10e corps se met en retraite en combattant ; l'ennemi lance plusieurs attaques après de violentes préparations d'artillerie ; la 20e division se replie sur Sart-Eustache, le général Boë est blessé grièvement et reste sur le champ de bataille ; la 19e division gagne en ordre Fosse-Vitrival, qu'elle abandonne à 7 heures du soir, tandis que le général Ménissier, remplaçant le général Boë, replie sa division jusque Gougnies-Devant-les-Bois. Il y a de grosses pertes au 10e corps et un recul très prononcé, mais le moral reste bon.

3e corps. — Les efforts mal dirigés de la division de droite du 3e corps, division Verrier, ont été brisés successivement dans la nuit du 21 au 22 sur Aiseau-Roselies : au début de la matinée, cette division est entre Loverval et Presles, tandis que la 6e division Bloch, tient à gauche jusqu'au nord de Bornerée.

Dès 9 h. 45, l'ennemi, débouchant de Châtelet, a enlevé Bouffioulx et les hauteurs à la division Verrier, que l'unique brigade de la 6e division reçoit l'ordre de secourir ; c'est alors que la 38e division d'Afrique (Muteau) est appelée pour sauver la situation ; sa brigade Schwartz échoue en un quart d'heure dans une contre-attaque brillante, mais sanglante. Il est 13 heures, la journée est haletante, lourde de sacrifices et de déboires ; on se résigne à contenir, si possible, l'ennemi, sur Presles-Binche, Sous le feu de l'artillerie ennemie, il n'est pas possible de rester en place ; le 10e corps recule à partir de 11 heures ; à 16 h. 45, le 3e corps a reculé sur Nalinnes-Tarcienne-Hanzinne ; la division Verrier et la brigade Schwartz s'écoulent par le goulet de La Figotterie.

Ainsi, la journée du 22 a mis à une rude épreuve la *furia francese*, dans des combats partiels, des engagements successifs et fragmentaires, pour tenter la reprise des villages occupés par l'ennemi dans les fonds de Sambre, terrain très difficile pour de bonnes préparations d'artillerie. Nos troupes ont été jetées à la bataille, comme l'on dit, bûche à bûche.

Cependant, les deux corps qui ont encore porté le poids de la journée font tête et se maintiennent sur une ligne oblique qui s'éloigne de la Sambre plus on avance vers l'Ouest.

Corps de cavalerie et 18e corps. — La bataille s'est allumée peu à peu de ce côté dans la soirée, la brigade Hollender a protégé la retraite du corps de cavalerie en se battant héroïquement à Anderlues ; elle a contenu l'ennemi ; mais, très éprouvée, elle s'est repliée, dans la nuit, à son tour, par le pont de Thuin ; elle garde les ponts de Lobbes et de Pont-Lévêque ; le corps de cavalerie Sordet, repassant lui-même la Sambre au sud, a fait sauter les ponts de Merbes et d'Erquelines et gagne le soir la région de Bersillies-l'Abbaye.

Heureusement, le 18e corps, qui n'a pas encore combattu, a protégé, par sa présence, le 3e corps à droite, le corps de cavalerie à gauche ; une division tient entre Thuin et Ham-sur-Heure, l'autre a une brigade entre Beaumont et Merbes et une autre en route vers Nalinnes pour secourir le 3e corps. Pourtant, le vide existe à l'ouest de Charleroi : c'est là que les VIIe et IXe corps allemands vont s'engager, pour attaquer le lendemain, 23, l'armée britannique.

Le 4e groupe de divisions de réserve (Valabrègue) est en marche pour gagner le 23 à 10 heures du matin, le front Jeumont-Montignies-Saint-Christophe.

L'armée britannique elle-même s'élève et dépasse la ligne de Maubeuge, mais elle n'est pas encore en place.

La 5e armée est sortie ébranlée par cette bataille de deux jours ; mais son chef ne la juge pas dissociée. Elle a porté de rudes coups à l'ennemi, son artillerie est intacte ; dans une région plus ouverte, elle pourra agir plus efficacement. Le moral du soldat reste excellent, il ne se considère pas comme battu : c'est à reprendre. Et le commandement français se dispose à le faire. Il espère, le 23, reformer les troupes étayer et encadrer les corps en flèche par les 1er et 18e corps et attendre ainsi l'entrée en ligne des divisions de réserve du général Valabrègue et des deux corps de l'armée britannique.

Journée du 23 août.

La journée du 23 août voit la ruine de cette dernière espérance, tant est fort l'avantage de l'initiative et tant il est vrai qu'on ne guérit pas un grand mal par des palliatifs, en pleine crise ; mieux vaut trancher et chercher un *novus ordo*.

Le front français a étayé et consolide successivement les corps en flèche en les calant par les corps voisins. Or, voici que tout l'édifice chancelle.

Namur et le 1er corps. — Après un bombardement violent de Namur pendant la nuit, le fort de Cognelée est enlevé par l'ennemi à midi ; les forts d'Emines et de Suarlée sont bombardés ; la brèche est ouverte. Les troupes belges se replient sur Namur ; puis le général Michel fait sauter les ponts. L'ennemi entre dans Namur à 8 heures du soir ; le fort de Suarlée tient jusqu'au 25 au soir. Pendant sa retraite, la 4e division belge, dans la nuit du 23 au 24, perd plusieurs milliers de prisonniers vers Bioul.

La chute de Namur, qui soutenait notre droite, est un événement grave. L'armée saxonne von Hausen l'attend anxieusement pour attaquer les passages de la Meuse autour de Dinant ; son XIIe corps, établi vers Thynes, a ouvert un feu violent d'artillerie ; le 23, à 6 heures du matin, contre la 51e division de réserve Bouttegourd qui a relevé, la veille au soir, le 1er corps, juste à temps pour faire sauter les ponts du fleuve avant l'aube, sauf les ponts de Dînant et d'Hastière.

Le 1er corps, rendu enfin disponible pour la bataille, s'est regroupé jusqu'à midi. Il a reçu l'ordre d'attaquer et de prendre de flanc la Garde prussienne s'engageant sur Mettet : la 1re division Gallet entame déjà le combat vers Saint-Gérard, la 2e division (Deligny) va ordonner l'attaque au sud-ouest, quand brusquement l'ordre arrive de suspendre tout mouvement offensif. C'est, qu'à cette heure précise, Namur tombe au pouvoir de l'ennemi ; et la division Bouttegourd, attaquée par l'armée von Hausen, est refoulée vers Dinant-Hastière.

10e corps. — Dans la matinée, un léger repli s'était produit au 10e corps : la 19e division (Bonnier) a gagné Ermeton, la 20e division (Ménissier) Sery, la 37e division (Comby) Graux et Mettet. La Garde prussienne, éprouvée, s'est reconstituée jusqu'à 10 heures ; elle canonne alors vivement la division Comby, qui répond ; le 10e corps attend l'attaque.

Mais, à 12 h. 30, tout cesse ; c'est que la menace du 1er corps, déployé pour l'attaque dans le flanc de la 2e division de la Garde, a alarmé le général commandant ce corps, von Plattenberg. Les choses restent en suspens. Si le 1er corps eut attaqué Plattenberg, pris en tête par le 10e corps, la fortune des armes eut pu changer. Le 1er corps était intact et jusque là n'avait connu que des succès.

Malheureusement, ce corps est obligé de parer au péril de Dinant qui lui est signalé ; il se retourne vers la Meuse ; Plattenberg se sent soulagé ; il se décide à attaquer le 10e corps. La fin de la journée est marquée, au 10e corps, par des combats confus vers Oret-Wagnée et un repli de part et d'autre de Biesmerée.

1er corps à Onhaye. — Mais c'est au 1er corps qu'appartient l'initiative dans la soirée. Sa 2e division (Deligny) quitte Ermeton, arrive tard à Norville, où elle rencontre des éléments de la 51e division de réserve qui se sont ressaisis ; la vallée de la Meuse est en feu. Le général Franchet d'Esperey a, en outre, porté la 8e brigade Mangin sur Anthée ; le XIIe corps saxon a, en effet, occupé Dinant ainsi qu'une partie de la rive gauche jusqu'à Onhaye par le pont d'Hastière et cet événement va peser d'un grand poids sur les décisions du général de Lanrezac. Mais Franchet d'Esperey a réquisitionné la brigade de cavalerie du 10e corps à Ermeton-sur-Biert, vers 14 h. 30 ; il l'envoie reconnaître les abords de la Meuse et, après un violent combat d'infanterie, enlève brillamment Onhaye à la baïonnette, vers 22 heures. L'armée saxonne en reste comme hypnotisée, seule une division du XIIe corps franchit la Meuse à Dinant dans la nuit, le gros de l'armée hésite et va laisser la retraite de la 5e armée s'opérer sans trouble, malgré les ordres formels donnés du général von Hausen.

3e corps. — Tandis que ces événements se déroulent à droite, le 3e corps (général Sauret) combat péniblement sur le front Nalinnes-Tarcienne-Hanzinelle. La 6e division (Bloch), à gauche, est vivement attaquée par le Xe corps de réserve allemand, qui débouche sur Pairin. Le général Rouquerol, à la tête de l'artillerie du 3e corps, résiste ; mais la 6e division, diminuée de la brigade Hollender, fléchit vers 16 heures ; une grande confusion se produit alors ; le 123e soutient l'artillerie, la division Muteau contre-attaque l'ennemi, heureusement hésitant ; enfin, le corps d'armée s'écoule à la nuit tombante, par le goulet de Walcourt. Le découragement, la désorganisation, l'embarras des convois refluant, le trouble des choses et des âmes s'exagèrent dans la nuit. Cette retraite est un des épisodes tragiques de la campagne.

18e corps. — A l'ouest de l'armée, le 18e corps a été engagé, à 11 heures du matin, dans un combat avec le VIIe corps allemand, qui enlève à 13 heures le pont de Lobbes à une brigade de la 35e division qui appuie la brigade Ollender. A droite, la 36e division est violemment attaquée par le Xe corps de réserve sur Gozée ; après 7 heures du soir, le combat fait rage ; Gozée et Marbaix sont emportés par les Allemands. A gauche, au cours d'une lutte ardente, on perd, puis on reprend le pont de Fontaine-Valmont ; au centre, on tient vers Biesme. La bataille s'éteint vers 21 heures ; mais dans la nuit, le général de Mas-Latrie reçoit l'ordre de replier sa droite sur Clermont, en liaison avec le 3e corps qui a reculé.

Corps de cavalerie. — Le corps de cavalerie Sordet, cédant sa place au 4e groupe de division de réserve (Valabrègue), a reçu, dans la journée, l'ordre de se porter en hâte sur la gauche de l'armée anglaise, dont la situation paraît compromise ; il bivouaque le soir vers Beaufort, au sud de Maubeuge.

4e groupe de divisions de réserve. — La mission confiée au général Valabrègue était de se porter le 23 dans la région Colleret-Montignies-Saint-Christophe-Consolre pour interdire à l'ennemi le sud de la Sambre ; la 69e division de réserve (Legros) prend la droite, la 53e division (Perruchon) la gauche, les ponts tenus par des postes légers. Au cours de la journée, on a appris que le 1er corps anglais est engagé au nord sur Peissant-Fauroeulx, et vers 5 heures, que le 18e corps, fortement attaqué, doit être soutenu : la 69e division se porte en conséquence sur Thirimont, la 53e division serre sur Consolre ; il n'y a pas de combat, mais déjà le décrochement s'accentue entre la droite anglaise et la gauche française.

Armée britannique. Combats de Mons. — Depuis deux jours, la bataille est engagée entre la 5e armée française et l'armée von Bülow. Au 3e jour après-midi, seulement, l'armée britannique entre en ligne contre l'armée von Kluck qui apparaît à gauche au moment même où, comme nous l'avons vu, la 3e armée von Hausen menace l'aile droite et les communications de l'armée française.

L'armée du maréchal French s'avance allègrement, face au nord-est, par la rive gauche de la Sambre ; la brigade de cavalerie Chetwode n'a pas trouvé le contact avec nos forces, le 22, vers Binche; les éclaireurs poussent jusque vers Soignies, où ils ne trouvent que quelques patrouilles ennemies ; les Allemands sont encore loin. En effet, l'armée von Kluck marche toujours franchement vers l'ouest, la droite en avant ; mais déjà les combats livrés par von Bülow font obliquer les corps de von Kluck qui, s'arrêtant dans leur mouvement, se rabattent de Nord-Est en Sud-Ouest, division par division, sur l'armée anglaise.

Celle-ci organise le champ de bataille, se retranche ; elle est en position le 23 au matin ; le 2e corps (Smith Dorrien) est derrière le canal de Mons à Condé, avec la division Fergusson à gauche, et la division Hamilton à droite ; le 1er corps (Douglas Haig) est entre Mons et Peissant avec la division Monro à gauche et la division Lomax à droite. Le maréchal French croit à la présence d'un ou deux corps allemands.

Calme jusque midi. A ce moment, l'ennemi, qui commence à déboucher, canonne tout le front, et surtout, vers 3 heures, les positions du 1er corps sur Bray et Binche ; à l'Ouest de Mons, il tente de franchir le canal ; la division Hamilton à Mons est attaquée vigoureusement par le IIIe corps allemand. A droite, le VIIe corps enlève Binche au 1er corps anglais, le général Douglas Haig affirme qu'il contiendra énergiquement l'ennemi (IXe corps) au nord-est de Bougnies, cependant que le général Smith Dorrien, qui subit une pression moindre (IVe corps allemand seul) croit le succès acquis.

Armée d'Amade. — Suspendant un instant le récit des combats de Mons, il faut, pour compléter le tableau de ces trois journées de bataille, dire quelques mots de la situation de l'armée d'Amade, créée depuis le 16 août pour former barrage de Dunkerque à Maubeuge. Elle s'installe effectivement dans la région à partir du 20 : la 84e division territoriale est entre la Sambre et la Scarpe, la 82e division entre la Scarpe et la Lys ; la place de Lille s'organise, la 81e division est entre la Lys et la mer.

Le 22 août, la 84e division s'est repliée sur Valenciennes, cédant la place aux Anglais.

Le 23, la 88e division débarque à Arras et se porte sur Cysoing ; à 13 heures, la 82e division est attaquée et replie ses avant-postes sur Cysoing-Mouchin ; cependant le corps de cavalerie allemand (von Marwitz) et les avant-gardes de l'armée von Kluck se rendent compte qu'il y a là un obstacle ; la présence de l'armée d'Amade arrête l'armée allemande dans sa marche vers la mer ; elle la gênera de même pendant les journées suivantes dans sa marche vers le sud : pour von Kluck, la course vers la Lys et la mer est manquée ; d'Amade le harcèle et le pousse dans le sillage où French l'attire.

Retraite générale. — Car French a rompu à Mons. En effet, l'après-midi ne s'est pas écoulé, qu'à 5 heures du soir, un message télégraphique qualifié d'inattendu par le maréchal, change, au quartier général anglais, l'idée qu'on se fait de la situation : il apprend que trois corps allemands marchent contre l'armée anglaise ; un autre corps tente l'enveloppement par Tournai à sa droite : l'armée française se retire.

Après trois heures de combat, le maréchal French, sentant la menace se préciser, et pensant avoir affaire à toute l'armée von Kluck qui descend vers lui division par division, prend le parti, le 23, à 5 heures ½, de se retirer sur la position Jenlain pour le 24 à l'aube.

C'est dans ces conditions que le général Lanrezac, à son tour, apprenant, d'une part, que von Hausen a passé la Meuse à Hastières (il ne sait pas encore que Franchet d'Espérey l'a rejeté à la rivière), d'autre part que l'armée anglaise se replie, constatant ; que deux de ses corps sont épuisés par trois jours de combat, se décide à ordonner la retraite de la 5e armée, le 23, à 9 heures du soir.

Le bref combat de Mons, suivi de ce prompt recul, a mis le comble à la crise;... mais il a commencé peut-être aussi la guérison. La résolution prise par French confirme une résolution semblable chez Lanrezac. Les années alliées se décrochent mais face à l'ennemi.

Et comme cette rupture du combat s'accomplit non par panique, déroute ni même défaite, mais par une volonté du commandement, comme il n'y a pas poursuite de l'ennemi, la retraite prend le caractère et offre les avantages d'une décision. Les choses vont prendre une face nouvelle. L'initiative va changer de camp.

Le 25 août au soir, après quelques combats en retraite assez rudes, à Marienbourg (1er corps français), à Landrecies (1er corps britannique), les armées alliées sont ramenées sur le territoire français ; la 5e armée occupe la ligne Maroilles-Avesnes-Fourmies-Regniowez. L'armée britannique occupe la ligne Cambrai-Le Cateau-Landrecies.

Elles sont battues : telle est la conséquence, pour ainsi dire fatale, de l'initiative stratégique et tactique prise par l'armée allemande du 19 au 21 août. Mais elles ne sont pas rompues : telle est la récompense des initiatives stratégiques combinées par le commandement français et sur lesquelles nous allons revenir. Un retard de deux jours a causé la surprise et la perte de deux journées ; mais la sagesse des dispositions demeure et c'est elle qui va sauver ce qui peut être sauvé.

Que les Allemands célèbrent la victoire de Sambre et Meuse, comme ils l'appellent : ce n'en est pas moins pour eux une victoire incomplète et qui renferme le germe d'une prochaine défaite. C'est ce qu'il était impossible de discerner dans le trouble des premières émotions, mais c'est ce qu'il est possible de déterminer maintenant.

V. — RÉSULTATS STRATÉGIQUES ET TACTIQUES DES COMBATS DE LA SAMBRE.

Les résultats immédiats des combats de la Sambre sont d'ordre tactique et d'ordre stratégique.

Au point de vue tactique, les Allemands ayant pris l'avantage et surpris les armées alliées, les ont battues successivement dans les fonds de Sambre le 21 août 1914, sur les hauteurs de Sambre le 22 et le 23, et dans la région de Mons le 23 après-midi.

Mais l'armée von Hausen, qui avait commencé le passage de la Meuse à Hastière-Onhaye pour couper les communications de la 5e armée, a été rejetée par le 1er corps, le 23 au soir, et, à l'autre aile, les troupes de couverture allemandes, qui tentaient de continuer le grand mouvement tournant vers la mer, ont été arrêtées à Tournai et en avant de Lille.

Le commandant de l'armée britannique et le commandant de la 5e armée française ont donné l'ordre de la retraite, le premier le 23 à 5 heures, l'autre le 23 à 9 heures du soir. La retraite qui s'en est suivie a été marquée par de violents engagements, notamment entre l'armée britannique et l'armée von Kluck.

Le 25 août au soir, les corps des armées alliées, par un mouvement général, direction du Sud-Ouest, étaient ramenés sur la frontière française.

Telles sont, au point de vue tactique, les grandes lignes de la Bataille de Charleroi ou, plus exactement, des Combats de la Sambre. Des trois places fortes qui consolidaient, en quelque sorte, le front de la Sambre, Namur a succombé, Maubeuge est assiégée, Lille, déclarée ville ouverte, est à la merci d'une patrouille de uhlans.

La victoire allemande est incontestable. Les chefs eurent l'impression profonde d'un succès inouï, inespéré. La manœuvre, empruntée aux conceptions de von Schlieffen, la surprise, si adroitement ménagée, avaient donc produit leur effet. Les armées alliées étaient battues ; mises en fuite, elles ne tenaient nulle part. Le résultat était acquis sûrement et brutalement, selon les termes mêmes de la prévision de Schlieffen, comme dans la cour de la caserne, comme à l'école de bataillon.

Certes, les pertes avaient été terribles de part et d'autre, mais qu'importait ? La victoire payait largement le sang des hommes, les risques courus, les années de savante préparation, les sacrifices que l'Allemagne s'était imposés pour devenir une puissance de guerre irrésistible.

Et elle l'était, en effet. Au premier choc, la supériorité de sa stratégie, la supériorité de sa tactique, de ses armements, de ses soldats s'affirmait. Les neutres, les ennemis eux-mêmes n'avaient qu'à s'incliner.

Un enivrement d'orgueil gonfla le cœur des troupes et du commandement lui-même quand fut démontrée et quand se propagea de bouche en bouche la certitude du succès par la manœuvre du grand mouvement tournant. Cette victoire et le retentissement qu'elle eut dans les deux camps donnèrent à l'empereur Guillaume et aux généraux qui avaient joué leur va-tout en Belgique la conviction qu'ils tenaient la maîtrise de la guerre. Napoléon et le vieux Moltke n'eussent pas fait mieux. La bataille de Charleroi était la solution, en quelque sorte mathématique, obtenue par l'opération géniale et si essentiellement allemande, dont la tradition, venue de Frédéric, s'était transmise par Schlieffen à Guillaume. Audace et brutalité, félonie et ruse, le lion et le renard, c'était tout l'acquis de l'art politique et de l'art militaire résumé en une seule formule.

Le déploiement soudain par la Belgique et par la rive gauche de la Meuse avait assuré, dès la première rencontre, le succès. L'intelligence allemande tordait à son gré les règles attardées des rapports internationaux et de la morale publique. Les traités ne valaient que pour le temps où l'on avait intérêt à les respecter ; une stratégie supérieure ignorait les frontières des petits États.

On riait à plein gosier, au Grand Quartier Général allemand, en songeant à la surprise de l'Angleterre, de la France et de la Belgique. La préparation et l'exécution étaient magnifiquement agencés, justes dans tous les sens du mot, puisqu'elles avaient réussi.

La conquête de la Belgique en trois jours, c'était un bénéfice qui, à lui seul, payait la guerre; et puis, les armées françaises en déroute, la poursuite ininterrompue ramassant armes et prisonniers, la France envahie, le *nach Paris*, qui n'était la veille qu'un rêve de soldat, entrant dans les prévisions immédiates des états-majors ! Des faits acquis, des suites entrevues une fumée d'orgueil s'éleva qui, du cœur gonflé, gagna jusqu'à l'intelligence.

Même si l'adversaire se replie par ordre, on n'admet pas qu'il puisse se reprendre. Il est battu ; il fuit. On n'a qu'à foncer sur ses talons et à l'achever.

Avec plus de sang-froid, les événements eussent été considérés dans leur véritable caractère et, puisque Schlieffen était le maître respecté, ses propres observations, s'appliquant à des cas semblables, se fussent présentées à l'esprit de ses disciples.

Les résultats d'une telle manœuvre, avait-il écrit lui-même dans son article *Cannœ*, ne sont que faibles, même dans le cas le plus favorable, *si elle n' aboutit pas à une rupture et à l'encerclement*. Sans doute l'ennemi est repoussé, mais il présentera de nouveau, à quelque temps de là, sur un autre terrain, la résistance à laquelle il a momentanément renoncé. La campagne traîne en longueur... Mais ces guerres-là sont devenues impossibles, à une époque où l'existence de la nation repose sur la marche ininterrompue du commerce et de l'industrie, où il est indispensable qu'une rapide décision remette en mouvement les rouages arrêtés. Il n'est pas possible de faire de la stratégie d'épuisement quand l'entretien de millions d'hommes entraîne des milliards de dépenses.

Les idées de Schlieffen avaient été appliquées, mais le résultat qu'il exigeait, *complet*, *immédiat*, n'était pas obtenu.

A la suite de l'extraordinaire effort demandé aux troupes allemandes, malgré le bénéfice de l'initiative et de la surprise, si le succès tactique ne s'était pas refusé, le succès stratégique restait douteux. En fait, les armées alliées n'étaient ni tournées, ni coupées, ni détruites.

Les armées alliées ne sont pas tournées. Ni les armées allemandes n'ont atteint, selon leur dessein Dunkerque et Calais, ni elles n'ont rompu le barrage constitué par l'armée d'Amade. Elles ont manqué d'audace ; peut-être à bout de souffle, elles se sont arrêtées devant l'obstacle, imprévu pour elles, qui leur était opposé. La vue si judicieuse du général Joffre — qui, si l'on va au fond des choses, inaugure ainsi, dès le 16 août, la manœuvre de flanc, initiatrice de la bataille de la Marne — a fourni, du tac au tac, une riposte au coup de la surprise et de la trahison.

C'est la contre-surprise. Jusqu'à la fin de la bataille des Frontières, elle va contenir von Kluck et même le déborder.

Aux premières heures, l'aveuglement des chefs allemands les empêche de démêler cette sage escrime et de deviner ses suites ; mais ils seront bien obligés de l'admettre par la suite. C'est à un écrivain militaire allemand que nous empruntons cette conclusion : C'était, sans nul doute, l'intention de von Kluck, de couper French du côté de la côte et de rejeter ses troupes sur Maubeuge. Si la retraite de French a pu s'accomplir dans un certain ordre, les Anglais le doivent au général d'Amade qui, avec la 61e et la 62e divisions de réserve (ajoutez les quatre divisions territoriales), se tenait près d'Arras et menaçait le flanc droit de l'armée allemande. (Kircheisen, fasc. 20.)

Menaçait le flanc droit de l'armée allemande... tout est là : l'enveloppement est reconnu. D'ailleurs, les faits parlent. Que von Kluck fût ou non exactement renseigné sur les forces que ses avant-gardes rencontrent à Tournai et qui protègent Lille, Dunkerque, Calais, son état-major constate la présence d'une armée sur son flanc droit ; il suspend sa course vers l'Ouest et se rabat, à la suite des armées alliées, vers le Sud. Il manque Lille, Dunkerque, Calais, la mer ; il manque le débouché prescrit sur Amiens et sur la vallée de la Seine à l'Ouest de Paris. Le grand mouvement avorte. Plus tard, il est vrai, on retrouvera Lille et Douai ; mais Dunkerque, Calais, le Havre, on ne les aura pas.

L'armée alliée n'est pas tournée ; et elle n'est pas *coupée*. Tel était cependant le plan, subsidiaire peut-être, mais non moins soigneusement combiné, du grand état-major allemand.

Dans la préparation du piège, les armées allemandes avaient été, ainsi que nous l'avons indiqué, gardées le plus longtemps possible dans le Luxembourg belge et le duché du Luxembourg, et comme cachées dans les forêts des Ardennes. Puis le mouvement tournant s'était déclenché, et les 2e et 1re armées s'étaient mises en marche. Cependant une armée, un peu moins importante en nombre, était restée pour ainsi dire au nid : c'était l'armée saxonne, l'armée von Hausen. Le projet de l'état-major allemand était de la détendre comme un ressort à l'heure opportune en la dardant sur la Meuse à la jonction de notre 4e armée (de Langle de Cary) et de notre 5e armée (Lanrezac). Là, elle devait passer la Meuse vers Dinant, Hastière, Monthermé, rompre la ligne française et se jeter sur les communications de la 5e armée, tandis que celle-ci serait encore engagée dans les combats de front contre Bülow et Kluck. Projet conçu avec une sagacité redoutable et si soigneusement exécuté que notre haut commandement ne connut l'existence de l'armée von Hausen que quand elle eut débouché.

Mais, de ce côté encore, le général Joffre, dès le début, avait paré. Son sentiment formel était qu'il ne fallait, à aucun prix, laisser se produire un vide quelconque entre sa 5e et sa 4e armée. Aussi, avec une insistance remarquable et qui forme le trait principal de ses instructions réitérées, il s'était refusé toujours à laisser la 5e armée s'éloigner vers l'Ouest ou remonter trop au Nord et il avait confié le soin de garder ces contacts à ce que ses armées comptaient de plus solide, le 1er corps de la 5e armée et le 9e corps de la 4e armée, renforcés par la 52e et la 51e divisions de réserve.

Si bien que, quand l'armée von Hausen se présente, elle trouve à qui parler. Les faits exposés dans l'Histoire de la Guerre de 1914 établissent que le 9e corps (général Dubois) contient l'armée von Hausen vers le Sud, que la 52e division de réserve (général Coquet) l'empêche de déboucher au centre et que, comme cette armée a franchi la Meuse, le 23, en refoulant la 51e division de réserve, à Hastière-Onhaye, le 1er corps (général Franchet d'Espérey) se retourne vers elle d'un superbe mouvement et jette l'avant-garde du XIIe corps saxon à la rivière. Si l'armée allemande eût passé, tout était compromis : mais elle ne passe pas. Désormais, le 9e corps, puis d'autres unités qui vont former la 9e armée Foch, se sont accrochés à ses flancs, et, jusqu'à la bataille de la Marne, ils ne la lâcheront pas.

Ici encore, nous avons l'aveu des Allemands : l'erreur de von Hausen, qui le fit bientôt écarter des cadres de l'armée, est appréciée en ces termes : Ce n'est que le 23 août que la Meuse fut franchie. Si l'état-major de la IIIe armée (armée saxonne von Hausen) avait pris de meilleures dispositions, le passage de la Meuse aurait pu être effectué bien plus vite. Ce retard a, sans aucun doute, contribué aux insuccès de l'armée allemande au commencement de septembre et les forces allemandes marchant sur Paris ont dû être groupées différemment. (Kircheisen.)

Enfin, l'armée alliée n'avait pas été *détruite* ; c'était le véritable résultat que se promettait la manœuvre : découvrir Paris, faire le chemin libre à l'armée allemande de l'Est, celle-ci débouchant par la Trouée de Charmes.

Or, ce but plus général était aussi manqué. L'armée britannique et l'armée Lanrezac se retiraient par ordre ; on ramenait même la garnison de Namur. La plupart des corps de l'armée alliée étaient intacts. Le 1er corps ne s'était engagé que dans le combat, considérable au point de vue stratégique, mais insignifiant au point de vue tactique, d'Hastière-Onhaye ; les corps qui avaient été le plus éprouvés, le 10e et le 3e corps, avaient, sauf un moment de désarroi au 3e corps, conservé un moral excellent et une confiance inébranlée. Le 18e corps ne s'était trouvé engagé que le 23 et il était resté sur l'impression d'un succès. Les deux divisions de réserve du général Valabrègue n'avaient pas donné. Si le corps de cavalerie était fatigué par sa grande randonnée et les engagements soutenus en Belgique, il était déjà remis par deux jours de repos et les services qu'il allait rendre pendant la retraite prouveront qu'il n'était rien moins qu'anéanti.

L'armée britannique avait combattu quelques heures, le 23, au Sud de Mons, et elle avait pris très rapidement le parti de la retraite. Si les premières journées de cette retraite avaient été assez dures, l'armée du maréchal French, qui n'avait eu qu'un peu plus de 2.000 hommes hors de combat et se trouvait renforcée, le 25, par des troupes nouvelles, était encore un adversaire redoutable pour le jour où elle se retournerait. L'armée d'Amade recevait continuellement des renforts et des armes ; ses troupes s'habituaient au feu ; d'ores et déjà, elle était une grande gêne pour l'extrême droite allemande.

Non, ce n'était pas une armée anéantie : les soldats pensaient que les premiers engagements ne prouvaient rien et que c'était une affaire à reprendre. Tous disaient, écrivaient : *Nous n'y comprenons rien : nous reculons et nous ne sommes pas battus.* Dans ce sens, les témoignages abondent. Nous en citerons quelques-uns ; car il importe d'établir cette vérité, qui, seule, explique les événements ultérieurs :

Un spectateur assiste à la retraite du 1er corps.

Des pas nombreux, le bruit d'une troupe en marche. En longue colonne, les 8e et 110e pénètrent dans le village, *marquant la cadence, l'arme sur l'épaule.* Ils ont encore fiera mine, ces beaux régiments, si éprouvés en Belgique ; cependant, la fatigue des nuits sans sommeil, à la belle étoile, des rudes journées de combat, est peinte sur les traits des soldats ; elle y accuse des rides profondes. (Le Mesnil, 25 août.)

Autre témoignage venant d'un étranger faisant partie des services de santé :

Nous marchons toute la journée, arrêtés souvent par des régiments français qui défilent en bon ordre. (Route de Couvin-Cendron, 25 août.)

Autre témoignage, provenant d'un civil français appartenant à une des municipalités de la frontière :

C'est la retraite qui commence ; l'artillerie venant de Macquenoise forme son parc au pied du fort ; l'infanterie cantonne dans les quartiers entre la gare et la mairie. A l'état-major, on travaille sans relâche. Beaucoup de maisons sont fermées et cela rend difficile le logement des officiers. Arrivent, à 11 heures du soir, les logements des régiments de zouaves ; les fourriers harassés sont assis sur les marches de la mairie. On perçoit chez eux un sentiment de sourde colère d'une lutte inégale, du mécontentement, mais aussi une *ferme résolution de prendre leur revanche.* Vers minuit, les régiments arrivent un peu décousus. On devine des troupes qui ont eu à retraiter en pleine action. (Hirson, 25 août.)

L'armée reste en possession d'elle-même. Ses chefs pourront obtenir d'elle tout ce qu'ils lui demanderont. Loin de se sentir diminuée, elle s'offrira plus aguerrie, plus expérimentée, animée de cette *ferme résolution de prendre sa revanche.*

C'est ce que le haut commandement allemand veut ignorer, et ce que le haut commandement français n'a qu'à constater ; et c'est pourquoi celui-ci ne considère pas la partie comme perdue et, comptant sur ses troupes, s'applique à leur rendre l'initiative.

VI. — LA MANŒUVRE EN RETRAITE. - JOFFRE PREND SES DISPOSITIONS POUR LA FUTURE BATAILLE DE LA MARNE. - INSTRUCTIONS DU 24-25 AOÛT.

Le général Joffre a son quartier général à Vitry-le-François.

Le temps est passé où un capitaine se portait à cheval sur une colline, braquait la lunette sur les accidents du terrain et les mouvements des deux armées, faisait mouvoir le centre ou les ailes et produisait l'*événement* par un ordre qui couronnait une manœuvre ou dénouait une situation. Le chef de guerre, aujourd'hui, est dans son cabinet. Autour de lui, son état-major travaille. Recevant, par un flot continu, les dépêches et les télégrammes, attentif aux coups de téléphone, les yeux fixés sur les cartes aux traits accusés, le laboratoire de guerre écoute, sans voir, le formidable arroi qui couvre, de son tumulte lointain, les immenses régions où se déploie la bataille. Car la bataille ne trouve son unité que là, entre les quatre murs d'un état-major. Le chef est le seul témoin *total*. Il comprend, ordonne, parle de loin. L'événement se produit en lui, à la seconde où sa prévision devient vision, où une succession rapide d'images, d'idées et de réflexions détermine sa volonté, et sa volonté l'action.

A la date du 23 août, où se produisaient les événements de la Sambre, Joffre était peu connu des troupes et du pays. On le savait un homme judicieux ; on connaissait sa belle carrière militaire et ses nobles facultés ; on pensait qu'il appliquait un plan non pas sorti uniquement de son cerveau, mais fruit du labeur persévérant des états-majors ; on ne savait rien de plus. Son automobile passe à peu près inaperçue dans l'intense circulation des généraux et des états-majors. Il est le chef anonyme et sans visage. Dans les communiqués ou dans les journaux, son nom est à peine prononcé. Il circule, délibère avec le gouvernement, visite les quartiers généraux, les chefs d'armée, écoute et interroge les officiers de liaison.

Son refuge est le Grand Quartier Général de Vitry-le-François. Là, vers les bâtiments du collège où il est installé, tous les fils convergent. Le général occupe le cabinet du proviseur. L'état-major, ayant pour chef le général Belin, travaille dans une grande salle où, sur des tables de bois noir, les cartes sont étalées ; de-ci, de-là, des bureaux ; dans un coin, le lit de camp où s'étend, quand l'énorme labeur le lui permet le général Berthelot.

C'est là que, du 21 au 24 août, arrive coup sur coup la série des mauvaises nouvelles : la 2e et la 1re armées battues à Morhange et à Sarrebourg, en retraite sur la Mortagne et sur la Moselle ; la 3e et la 4e armées, battues dans les Ardennes et forcées de se replier sur la Meuse ; la 5e armée et l'armée britannique battues dans la région de la Sambre et en retraite sur la frontière française.

Comment, sous ces atteintes successives, va réagir le commandant en chef des armées françaises ?

Jusqu'à cette heure, Joffre n'a pas eu le contact immédiat avec la volonté des adversaires : il a développé son plan ; mais les obstacles ne s'étaient pas dressés devant lui. On peut dire qu'il n'avait pas encore pris conscience de lui-même : car la valeur individuelle ne se réalise que dans la difficulté.

Voici donc que surgit la volonté adverse : elle se manifeste par le grand plan en tenaille, par le mouvement tournant, par les trois batailles de l'Est, des Ardennes, de Charleroi qui, toutes trois, sont malheureuses pour nos armes. Ces résultats écrasent, pour ainsi dire, le plan français sous le plan allemand et le brisent en trois jours...

Des témoins ont raconté qu'à ces heures d'angoisse secrète, quand, seul, il pouvait connaître la grandeur du péril, le général Joffre resta pareil à lui-même attentif, appliqué, laborieux, confiant. Son souci n'apparaît qu'à son application plus grande. L'œil mi-clos, il tend son esprit, et les avis qui viennent vers lui le trouvent silencieux.

Les vertus de Joffre sont, dans l'ordre moral, le calme et, dans l'ordre intellectuel, l'équilibre. Telle est sa nature, où la réflexion seconde l'instinct quand il ne se sent pas d'aplomb, il cherche. Chaque modification qui se produit dans la balance des forces, il la sent, et se portant, en quelque sorte, de lui-même, au contrepoids, il refait ses calculs, redresse les lignes et n'est satisfait que quand il a restauré la stabilité.

Dans la terrible conjoncture où il se trouve, l'opération adverse ayant porté soudainement à l'Ouest des forces plus lourdes que celles qu'il a pu leur opposer, son premier mouvement est de chercher, sur ces données nouvelles, un équilibre nouveau. Avant même que les faits soient entièrement accomplis, il intervient. Pas une minute, il ne s'attarde à refaire une trame défaite, à rapiécer une situation déchirée : il taille pour recoudre.

Combien de chefs se fussent entêtés ! La lutte pied à pied est une ressource qui tente les soldats, ne fût-ce que par son caractère héroïque. Mais Joffre comprend qu'arrêter ses armées, même pour lutter, c'est risquer leur destruction : avant tout échapper et ensuite reprendre. Le général voit et, en même temps, il agit. Netteté et promptitude. Joffre se révèle à lui-même et au pays dans l'adversité. Sa figure apparaît telle qu'elle restera dans l'histoire : grave, forte et résolue. La France a trouvé un homme, un chef, un capitaine.

Pour les armées de l'Ouest, le premier ordre qui part, dès le 24, du Grand Quartier Général, établit clairement que le général en chef est décidé désormais, malgré l'échec que ses armées de l'Ouest viennent de subir, à leur confier le sort de la France et à leur transférer désormais la manœuvre, c'est-à-dire l'offensive.

Jusqu'à cette date, il avait manœuvré par l'Est. Mais il se sent tranquille de ce côté : ses dispositions sont prises et, d'ailleurs, la bataille de la Trouée de Charmes va le rassurer tout à fait. Ce sont donc les armées de l'Ouest qui absorbent toute son attention : et, de ces armées disloquées, il fait son arme principale.

Ce parti étant pris, il ne songe qu'à les consolider pour tirer d'elles tout ce qu'elles peuvent rendre et leur demander un effort dont l'ennemi certainement les croit incapables. La magnifique opération intellectuelle est là : changer d'objectif en marche. Joffre a considéré, sans trouble, à la fois le présent dans sa réalité et l'avenir tel que sa volonté entend le créer.

Dès le 24 août, alors que la bataille de Charleroi est à peine terminée et que la retraite commence dans les conditions les plus pénibles, Joffre dicte son plan nouveau : *La 5e armée a pour mission de reprendre l'offensive pendant que les autres armées contiendront l'ennemi.*

Directive générale qui oppose aussitôt la lumière et la confiance au trouble et au désarroi.

Une directive subsidiaire précise l'application : elle ordonne de maintenir la liaison entre toutes nos armées de l'Ouest ; et notamment entre la 5e armée et l'armée britannique *qui ne doit, à aucun prix, être abandonnée à elle-même.*

En un mot : ne pas être coupé, ne pas être tourné. Voici l'ordre, daté du 24 août : *La 5e armée battra en retraite en prenant son point d'appui sur Maubeuge et en appuyant sa droite sur la massif boisé des Ardennes, en liaison avec la 4e armée qui replie sa gauche derrière la Meuse et avec l'armée anglaise dont la ligne de repli pourrait être en direction générale de Cambrai.*

Et cet ordre est transporté aussitôt sur le terrain : dès le 24 au soir, sous l'inspiration du haut commandement, le général de Langle de Cary ordonne au 9e corps de se tenir prêt *à diriger la division marocaine sur Rimogne pour continuer, avec la 9e division de cavalerie, à assurer la liaison avec la droite de la 5e armée.* La 4e division de cavalerie passe à la 5e armée pour assurer cette liaison. Et le 25, l'ordre général est donné : *La 4e armée s'établira demain sur la* rive gauche de la Meuse, pour résister en restant liée à la gauche de la 5e armée.

Ainsi les forces alliées, 4e armée 5e armée, armée britannique, etc., coopèrent en un tout fortement lié : le mouvement général se fait, d'abord, dans une direction franchement Sud-Ouest, dont il est facile de comprendre les avantages : les armées en retraite s'appuient, toutes ensemble, sur des obstacles naturels, la Meuse et l'Oise ; elles protègent Paris ; elles maintiennent les contacts avec l'armée d'Amade et surtout, calant toutes nos forces de l'Ouest sur elles-mêmes, elles les ramènent vers leurs ressources et vers leurs renforts.

Ces premières décisions prises en vue des situations immédiates, le commandant en chef porte les yeux sur les événements plus lointains et, en pleine défaite, il trace les grandes lignes de la reprise qui bientôt se transformera en victoire. C'est en ces heures d'émotion que furent rédigées, avec un calme et une précision incomparables, les deux instructions qui eurent pour effet d'arracher l'initiative à l'ennemi et qui changèrent ainsi la face de la guerre.

Par les faits eux-mêmes, l'attention du général Joffre est attirée sur les deux ordres d'idées qui sont les deux faces de l'art militaire : la tactique et la stratégie. Certainement, les défaillances tactiques ont contribué à la perte des premières batailles. C'est donc là qu'il faut, d'abord, dans la mesure du possible, guérir le mal et prescrire le remède.

Dès le 24, la leçon, l'*enseignement* de cette nouvelle guerre est dégagé par le chef pour tout le monde, généraux et soldats. Le doigt est mis sur la plaie : infanterie, artillerie, cavalerie reçoivent, en quelques lignes, les directives nouvelles qui doivent désormais régler leur action commune :

NOTE POUR TOUTES LES ARMÉES

Au Grand Quartier Général,

le 24 Août 1914.

Il résulte des renseignements recueillis par les combats livrés jusqu'à ce jour que les attaques ne sont pas exécutées par une combinaison intime de l'infanterie et de l'artillerie : toute opération d'ensemble comporte une série d'actions de détail visant à la conquête des points d'appui. (N'est-ce pas toute une philosophie tactique ?)

Chaque fois que l'on veut conquérir un point d'appui, il faut préparer l'attaque avec l'artillerie, retenir l'infanterie et ne la lancer à l'assaut qu'à une distance où on est certain de pouvoir atteindre l'objectif. (Il ne se fera plus désormais d'attaque sans préparation d'artillerie.)

Toutes les fois que l'on a voulu lancer l'infanterie à l'attaque de trop loin, avant que l'artillerie ait fait sentir son action, l'infanterie est tombée sous le feu des mitrailleuses et a subi des pertes qu'on aurait pu éviter. (Critique mesurée de la plus grave des erreurs qui ont amené les premiers échecs. C'est la liaison des armes et leur subordination au but qu'on se propose, non à des théories plus ou moins systématiques.)

Quand un point d'appui est conquis, il faut l'organiser immédiatement, se retrancher, y amener de l'artillerie pour empêcher tout retour offensif de l'ennemi. (Utilisation des retranchements, emploi de l'artillerie pour l'organisation du terrain : la guerre des tranchées apparaît.)

L'infanterie semble ignorer la nécessité de s'organiser du combat POUR LA DURÉE. (L'idée d'une tactique de longue haleine et même d'une campagne de durée se substitue à la conception première de la guerre, la guerre de mouvement et d'offensive enthousiaste. Joffre apparaît tel qu'il est : c'est un génie de stabilité.)

Jetant, de suite, en ligne des unités nombreuses et denses, elle les expose immédiatement au feu de l'adversaire qui les décime, arrête ainsi, net, leur offensive et les laisse souvent à la merci d'une contre-attaque. (Voici, maintenant, la grave préoccupation de la contre- attaque. Or, la contre-attaque, ainsi que l'avenir le démontrera, c'est toute cette guerre.)

C'est au moyen d'une ligne de tirailleurs suffisamment espacés et entretenue continuellement (que de choses en deux mots !) que l'infanterie, soutenue par l'artillerie, doit mener le combat, le faisant ainsi durer jusqu'au moment où l'assaut peut être judicieusement donné. (Rappel de la plus belle qualité française, le jugement, la judiciaire.)

Les divisions de cavalerie allemande agissent toujours précédées de quelques bataillons transportés en automobile. Jusqu'ici, les gros de cavalerie ne se sont jamais laissé approcher par notre cavalerie. Ils progressent derrière leur infanterie et de là lancent les éléments de cavalerie (patrouilles et reconnaissances) qui viennent chercher appui auprès de leur infanterie aussitôt qu'ils sont attaqués. Notre cavalerie poursuit ces éléments et vient se heurter à des barrages solidement tenus. (Tableau tout à fait exact de la tactique inaugurée par la cavalerie allemande ; mais l'exposé est, en même temps, une leçon.) Il importe que nos divisions de cavalerie aient toujours des soutiens d'infanterie pour les appuyer et pour augmenter leurs qualités offensives.

Il faut aussi laisser aux chevaux le temps de manger et de dormir. Faute de quoi, la cavalerie est usée prématurément avant d' avoir été employée.

LE GÉNÉRAL COMMANDANT EN CHEF,

J. JOFFRE.

P. A. LE GÉNÉRAL, MAJOR GÉNÉRAL,

BELIN.

On le voit, les erreurs sont reconnues, les fautes relevées et surtout les prescriptions les plus précises tracées d'une main ferme. Artillerie, cavalerie, infanterie sont immédiatement dirigées sur les voies de la nouvelle guerre. En trois jours, les perspectives futures, même encore éloignées, sont dégagées.

Il n'est pas un officier ou un homme ayant assisté aux journées ultérieures qui n'aient reconnu le profond changement qui se produit, notamment dans l'emploi de l'artillerie et sa liaison avec l'infanterie. Le canon de 75 prend, soudain, toute sa valeur. L'armée est, pour ainsi dire, remise en selle.

Cependant, les troupes sont encore dans le moment e plus critique de leur retraite vers le territoire français. Que dis-je ? Le territoire français est violé en Lorraine jusqu'à Lunéville et au delà, dans la région des Ardennes jusqu'à la Meuse, dans le Nord jusque vers Le Cateau et Rocroi. Sans que l'ordre général soit compromis, c'est le désarroi qui accompagne inévitablement ces flux et reflux d'armées immenses reculant soudain par les routes où elles avançaient la veille ; sauf dans l'Est, où s'organise la première résistance pour la défense de la Trouée de Charmes, les choses, sur l'ensemble du front, restent confuses. Où va-t-on ? Que doit-on faire ?

De partout, on attend la parole qui apportera la lumière, donnera aux événements un sens, la volonté qui créera un ordre nouveau, et, pour employer le terme technique, qui ressaisira L'INITIATIVE STRATÉGIQUE.

Cette parole ne se fait pas attendre.

Le 25 août 1914, à 22 heures, part du Grand Quartier Général l'Instruction générale n° 2, adressée par le commandant en chef aux commandants d'armées, et qui va saisir et modeler cet état de choses presque désespéré pour lui donner à bref délai l'aspect et la figure de la victoire...

Un des généraux qui commanda certaines des journées les plus glorieuses de cette guerre a raconté ceci : il avait reçu l'ordre de se rendre rapidement d'un point à un autre du front pour exercer un nouveau commandement. Accompagné d'un seul officier, il gagne à toute vitesse le poste qui lui était assigné. Au lieu dit, il voit passer une troupe confuse de soldats de toutes armes, accablés de chaleur et de fatigue, marchant sans ordre et sans tenue sur les routes de la retraite. Or, il lit, sur les uniformes, les numéros des régiments dont il venait prendre le commandement. L'émotion lui serrait la gorge ; il se demandait et il demandait autour de lui comment il ramènerait ces troupes au combat. A ce moment, un ordre arrive ; ce sont les extraits de l'Instruction générale du 25 qui lui sont communiqués pour son instruction particulière. A peine a-t-il jeté les yeux sur le document officiel que la lumière et l'espoir renaissent en lui : il se met à la besogne et retrouve, parmi le désordre apparent, l'ordre réel qui subsistait et n'attendait que d'être rappelé à lui-même : Nous reprîmes confiance, a-t-il dit, parce que nous nous sentîmes commandés.

INSTRUCTION GÉNÉRALE DU 25 AOÛT 1914

Pour aider à la lecture de cet important document, je crois devoir dire, d'abord, qu'il présente la conception et le plan d'une deuxième bataille générale devant avoir lieu non plus au delà, mais en deçà de la frontière française, approximativement le 2 septembre. C'est l'application de la vigoureuse conception qui s'est fixée, dès la première heure, dans l'esprit du général en chef : La 5e armée a pour mission de reprendre l'offensive pendant que les autres armée contiendront l'ennemi.

LE COMMANDANT EN CHEF AUX COMMANDANTS D'ARMÉE.

Au Grand Quartier Général

le 25 août 1914, 22 heures.

1° La manœuvre offensive projetée n'ayant pu être exécutée, les opérations ultérieures seront réglées de manière à reconstituer à notre gauche, par la jonction des 4e et 5e armées, de l'armée anglaise et de forces nouvelles prélevées dans la région de l'Est, une masse capable de reprendre l'offensive pendant que les autres armées contiendront, le temps nécessaire, les efforts de l'ennemi.

Ce premier paragraphe expose toute la pensée de la nouvelle manœuvre. Le dessin est d'une pureté parfaite. L'opération offensive qui a échoué en Belgique est reprise, en arrière, avec une méthode plus forte et une ligne plus correcte.

On trace sur le sol, qui, malheureusement, est maintenant le sol de la France, une figure en forme d'angle ouvert, s'appuyant d'une part sur la mer et d'autre part sur Verdun, le sommet de cet angle étant La Fère-Laon ; dans la région ainsi délimitée on laissera l'ennemi s'engager en direction de Paris, de façon à l'entourer et à l'enserrer à l'heure opportune par les deux côtés du dispositif. Mais c'est le côté gauche qui accomplira la manœuvre principale par une attaque dé flanc, prolongée au Nord par une tentative d'enveloppement. Supposez une première bataille de la Marne, qui lutterait pour sauver le massif de Saint-Gobain au heu de le laisser à l'ennemi.

La date et les conditions prochaines de la bataille résultent de ces mots : Par des forces nouvelles prélevées dans la région de l'Est. Ils indiquent le travail d'équilibre qui s'accomplit dans la pensée du chef. Cet extraordinaire roquage qui, — du moment où la Trouée de Charmes est barrée, — fait passer les troupes de l'Est à l'Ouest en présence de l'ennemi, va tromper celui-ci sur les emplacements exacts de nos armées et causer chez lui une surprise inverse de celle qu'il nous a ménagée en Belgique.

Manœuvre à la fois extrêmement simple et extrêmement hardie. Elle consiste à porter le maximum de forces au point où l'on veut obtenir maintenant le maximum de résultats. Double avantage : déplacer l'axe de la bataille et, par conséquent, reprendre l'initiative ; surprendre l'ennemi en lui opposant des formations qu'il n'a pas prévues et sur lesquelles il sera mal renseigné. La manœuvre rappelle celle de Frédéric II à Lissa, mais dans les proportions de la guerre moderne. Il faut supposer une confiance vraiment inouïe dans la stratégie des voies ferrées pour poser un tel problème en pleine bataille et surtout pour le résoudre. Les trains vont devenir l'arme principale du grand chef sorti de l'arme du génie[1].

Le temps nécessaire pour exécuter cette manœuvre sans précédent dans l'histoire militaire est calculé exactement, et c'est pourquoi l'Instruction générale indique, comme nous allons le voir, l'éventualité de la bataille pour le 2 septembre.

2° Dans le mouvement de repli, chacune des 3e, 4e, 5e armées tiendra compte des mouvements des armées voisines avec lesquelles elle devra rester en liaison. Le mouvement sera couvert par des arrière-gardes laissées sur les coupures favorables du terrain, de façon à utiliser tous les obstacles pour arrêter par des contre-attaques, courtes et violentes, dont l'élément principal sera l' artillerie, la marche de l'ennemi ou tout au moins la retarder.

---

1 Il serait injuste de ne pas mentionner ici les services rendus, notamment dans toutes les questions d'organisation et de chemins de fer, par le général Belin, major général. Ces services sont reconnus par la citation suivante : Comme major général, a fait preuve des plus remarquables qualités d'intelligence et de caractère et a été, pour le Commandant en Chef, le plus précieux collaborateur dans la préparation des opérations couronnées par le victoires de la Marne et de l'Yser.

L'idée maîtresse étant donnée dans le premier paragraphe, l'instruction trace les voies et moyens de l'exécution. D'abord, la retraite en elle-même. Quelle sera-t-elle ? Elle doit présenter à l'ennemi une cohésion suffisante, un front assez solide pour lui donner l'impression que ce n'est pas fini et qu'il a encore affaire à forte partie ; pour cela, des contre-attaques, mais jamais à fond et laissant toujours la possibilité de se décrocher, — courtes et violentes, — arrêteront la marche de l'ennemi ; car il faut donner au grand mouvement prévu le temps de s'accomplir. Mais ces contre-attaques, ces combats d'arrière-gardes sur des positions choisies, devront d'ores et déjà ménager le sang des troupes ; leur élément principal sera l'artillerie.

Maintenant, les détails de l'exécution, armée par armée : le grand plan est si clair que la situation assignée aux armées suffit pour indiquer le rôle réservé à chacune d'elles. Un enfant comprendrait :

3° Limite des zones d'action entre les différentes armées :

Armée W (armée britannique). — Au Nord- Ouest de la ligne : Le Cateau-Vermand et Nesle incluse.

4e et 5e armées. — Entre cette dernière ligne exclue à l'Ouest et la ligne Stenay-Grandpré-Suippes-Condé-sur- Marne à l'Est (incluse).

3e armée, y compris l'armée de Lorraine (c'est-à-dire l'armée que commandait le général Maunoury à Étain). — Entre la ligne Sassey-Fléville-Ville-sur-Tourbe-Vitry-le-François (incluse) à l'Ouest, et la ligne Vigneulles-Void-Gondrecourt (incluse) à l'Est.

Reportez ces lignes sur la carte : elles indiquent la forme chère au général Joffre : un front sensiblement en ligne droite de La Fère à Vouziers-Verdun ; et, au retour d'angle, sur l'Oise et l'Escaut, une force de manœuvre destinée à prendre l'ennemi de flanc.

D'ailleurs, voici la manœuvre elle-même : elle éclaire, à son tour, les positions sur le terrain.

4° A l'extrême-gauche : entre Picquigny et la mer, un barrage sera tenu sur la Somme par les divisions territoriales du Nord ayant comme réserve la 61e et la 62e divisions de réserve.

Ces troupes surveillent l'ennemi : on ne leur demande pas autre chose. Il est de toute évidence qu'on les garde pour les circonstances ultérieures, puisqu'on met en arrière les deux éléments les plus robustes, la 61e et la 62e divisions de réserve. Nous allons voir pourquoi on les garde.

5° Le corps de cavalerie sur l'Authie, prêt à suivre le mouvement en avant de l'extrême-gauche.

Ceci, c'est la manœuvre proprement dite, en un mot, le mouvement. Le corps de cavalerie, comme c'est son rôle, y prendra part, mais seulement quand tout sera prêt ; et c'est pourquoi on le tient en réserve, je dirai presque : on le cache, sur l'Authie.

6° En avant d'Amiens, entre Domart-en-Ponthieu et Corbie ou, en arrière de la Somme, entre Picquigny et Villers-Bretonneux, un nouveau groupement de forces constitué par des éléments transportés en chemin de fer (4e corps, 4 divisions de réserve et peut-être un autre corps d'armée actif), est groupé du 27 août au 2 septembre.

Ce groupement sera prêt à passer à l'offensive en direction générale Saint-Pol-Arras ou Arras-Bapaume.

Nous tenons la clef de toute la combinaison. Voici donc pourquoi on masse des troupes dans l'attente et un peu loin de l'ennemi jusque derrière l'Authie ; voici donc la raison de cette attente de cinq jours, et de cet échelonnement de nos, forces du Nord le long des routes par où descend l'armée allemande ; voici le pourquoi de ces contre-attaques courtes et violentes : l'objet de cet ensemble de mesures est d'attirer l'ennemi et de le faire glisser dans le piège. Car cette manœuvre n'est pas sans analogie avec celle de la Trouée de Charmes. Elle vient de la même inspiration classique : une bataille de front s'accompagnant d'une surprise de flanc. Et, ce qui est le plus singulier, c'est que, précisément à cause de cette simplicité classique, les Allemands, pas plus à l'Ouest qu'à l'Est, ne comprendront et ne se méfieront.

Un groupement nouveau sera donc constitué, soit en avant d'Amiens, soit plus au Sud, derrière la Somme, et ce groupement sera l'arme de manœuvre du général Joffre. Il aura pour mission précise de tomber sur le flanc de l'ennemi en marche, pour amorcer la grande bataille qui devra être livrée dans cette région, toutes forces réunies.

Or, le groupement ainsi constitué est celui dont le général Maunoury prend le commandement : c'est LA 6e ARMÉE. La manœuvre de flanc qui lui est prescrite dans le Nord est précisément celle qu'elle accomplira, un peu plus tard, sur l'Ourcq.

Remarquez la souplesse de la dernière indication : l'offensive se fera *soit* sur la ligne Arras-Bapaume (si l'ennemi s'est engagé plus au Sud), *soit* sur la ligne Saint-Pol-Arras (s'il a calé ses forces et s'est consolidé avant de reprendre la marche sur Paris). On ne pouvait croire qu'il serait assez fou pour se précipiter dans la nasse sans laisser le moindre répit à ses troupes : il était sage de prévoir l'éventualité d'une attaque plus au Nord si l'ennemi ne se trouvait pas encore engagé trop loin vers le Sud.

Tout le plan repose, comme on le voit, sur la constitution d'une nouvelle armée de l'Ouest.

Quels éléments composeront cette nouvelle armée ? D'ores et déjà, ils sont énumérés : *c'est le 7e corps*, à savoir celui qui jusqu'ici a opéré à Mulhouse : cette mesure amène forcément la dislocation de l'armée d'Alsace. D'ailleurs, le plan d'offensive par l'Alsace n'est plus applicable : pourquoi s'entêter à garder, dans cette région, de gros effectifs quand des troupes moins nombreuses suffisent ? Douloureux sacrifice, certes ! Mais les nécessités stratégiques priment tout. Joffre ne voit que le but qu'il s'est proposé pour le bien du pays.

Quatre divisions de réserve : deux d'entre elles viennent, avec le 7e corps, de Belfort et du front d'Alsace.

Les deux autres, nous les connaissons : ce sont celles qui viennent de l'armée de Lorraine, commandée jusqu'au 25 août par le général Maunoury, *la 55e et la 56e divisions de réserve* : celles-là il faut les arracher à leur beau succès d'Étain, dans la Woevre. Autre sacrifice ! L'armée de Lorraine, ayant mis en fuite l'aile gauche de l'armée du Kronprinz dans les journées du 24 et du 25 août, ne demandait qu'à continuer... Mais, *dans la nuit du 25 au 26*, le général Maunoury reçoit l'ordre de rompre le combat et de se rendre, toutes affaires cessantes, avec son état-major à Montdidier ; il est nommé au commandement de la nouvelle armée en formation sur la Somme et qui s'appellera la 6e armée[1] !

Un autre corps actif est désigné également. Il arrivera pour la bataille de l'Ourcq : c'est le 4e corps (général Boëlle).

A peine besoin d'insister : le dessin de la bataille de la Marne est fixé dès lors : le chef et les troupes se rendent sur le terrain.

Les quatre paragraphes qui suivent sont liés : ils déterminent le rôle des armées qui ont été engagées sur la Sambre et qui, en battant en retraite, doivent tenir tête à l'ennemi et se préparer à recevoir la nouvelle armée pour reprendre avec elle l'offensive :

7° L'armée W (britannique) en arrière de la Somme, de Bray- sur- Somme à Ham, prête à se porter soit vers le Nord sur Bertincourt, soit vers l'Est sur Le Catelet.

L'armée britannique sera, comme on le voit, appuyée et encadrée par les 5e et 6e armées. C'est la position qu'elle gardera jusqu'au 5 septembre, époque à laquelle elle se sentira assez reconstituée pour rentrer en ligne.

8° La 5e armée aura le gros de ses forces dans la région de Vermand-Saint-Quentin-Moy (front offensif) POUR DÉBOUCHER EN DIRECTION GÉNÉRALE DE BOHAIN ; sa droite tenant la ligne La Fère-Laon-Craonne-Saint-Erme.

Ce paragraphe précise le lieu de la future bataille de front qui sera complétée par la manœuvre de flanc prescrite ci-dessus ; l'objectif général est Bohain. Elle s'adosse sur une position géographique de la plus haute importance, à savoir : le massif de Laon-Saint-Gobain.

La 5e armée, à peine entamée par la bataille de Charleroi, aura la mission, en s'appuyant sur ce massif, de mener l'offensive droit au Nord, tandis nouveau groupement rabattra les forces allemandes en marchant dans la direction de l'Est ou du Nord- Est avec l'objectif général soit Saint- Pol-Arras, soit Arras-Bapaume. Le terrain ainsi choisi présenterait un double avantage : défendre une position qui apparaîtra de plus en plus, dans la suite, comme la clef de la guerre et, en empêchant l'ennemi d'y pénétrer, protéger Paris. Car le massif de Saint-Gobain est, comme toute notre histoire le prouve, le boulevard de la capitale.

Le reste de la bataille se développera, pour ainsi dire, autour de ce gond.

9° 4e armée : en arrière de l' Aisne, sur le front Guignicourt-Vouziers ou, en cas d'impossibilité, sur le front Berry-au-Bac-Reims-Montagne-de-Reims, en se réservant toujours les moyens de prendre l'offensive face au Nord.

10° 3e armée : appuyant sa droite à la place de Verdun et sa gauche au défilé de Grandpré ou à Varennes Sainte-Menehould.

Ainsi se trouve établi, dans ses lignes définitives, le dispositif en angle ouvert, qui, — à proximité encore de la frontière Nord-Ouest, mais avec la ressource d'un recul nouveau en cas de nécessité absolue, — doit rendre toute son élasticité offensive à l'armée française.

Depuis de longues années, les études du grand état-major ont porté sur cette région de l' Aisne-Coucy-Saint-Gobain. Il n'est pas un des recoins de cette petite Suisse qui n'ait été reconnu et fouillé. Chaque automne, les chefs qualifiés répétaient, jusqu'à la satiété, la bataille de Craonne ou la bataille de Laon de

---

1 Voir *Histoire illustrée de la Guerre de 1914*, t. V. p. 214.

l'empereur Napoléon, ou bien les batailles qui, pendant l'invasion de 1814, avaient défendu le sol national, soit sur la ligne de l'Aisne, soit sur la ligne de la Marne, soit même sur la ligne de la Seine. L'heure est venue d'appliquer ces leçons.

Deux manœuvres sont laissées à l'initiative des commandements particuliers selon l'enchaînement des circonstances : ou la ligne frontale se relèvera jusqu'à Guignicourt-Vouziers-Stenay s'appuyant en arrière sur Verdun, ou bien, l'ennemi ayant pénétré plus avant, elle s'appuiera sur Reims-Montagne-de-Reims-Sainte-Menehould : on voit que la bataille oscille déjà, dans la pensée du chef, entre l'Aisne et la Marne. Cependant, le 25 août, le commandement français n'a pas encore admis comme inéluctable la seconde hypothèse ; il n'a pas encore réalisé, dans son esprit, une si cruelle nécessité.

11° Toutes les positions indiquées devront être organisées avec le plus grand soin de manière à pouvoir offrir le maximum de résistance à l'ennemi.

On partira de cette situation pour le mouvement offensif.

L'offensive, telle est donc la pensée suprême. Le haut commandement le répète avec force avant de conclure.

Une organisation solide des positions d'arrêt est nécessaire pour caler l'armée tandis qu'elle prépare son élan. C'est le ressort qui se ramasse avant de se détendre.

Ce paragraphe résume et confirme l'ensemble de cette belle conception militaire conçue et élaborée en quelques heures, dans l'émotion des instants les plus terribles qu'ait jamais subis peut-être un chef d'armée.

Cependant, les autres armées, les armées de l'Est, ont aussi un rôle à jouer dans cette vigoureuse reprise. Ce rôle est déterminé, dans la dépêche initiale du 24 citée ci-dessus, par cette phrase : ...tandis que les autres armées contiendront l'ennemi ; il prend la forme d'un ordre militaire dans les trois paragraphes qui terminent l'Instruction générale :

12e Les 1re et 2e armées continueront à maintenir les forces ennemies qui leur sont opposées. En cas de repli forcé, elles auront comme zone d'action :

2e armée : Entre la route Frouard-Toul-Vaucouleurs (inclus) et la route Bayon-Charmes-Mirecourt-Vittel-Clefmont (inclus).

1re armée : Au sud de la route Chatel-Dompaire-Lamarche- Montigny-le-Roi (inclus).

LE GÉNÉNAL COMMANDANT EN CHEF.

Signé : JOFFRE.

P. A. LE GÉNÉRAL, MAJOR GÉNÉRAL,

Signé : BELIN.

Ces derniers paragraphes comportent un retour vers les armées de l'Est.

Le 25 à 22 heures, on n'est pas encore assuré du succès au seuil de la Trouée de Charmes. Quoi qu'il arrive de ce côté, on prévoit tout, même la défaite, on accepte tout, même le recul, pourvu qu'on tienne. Ce recul, s'il doit se produire, on le détermine dans ses lignes générales, de telle sorte que toutes les armées de la France se rassemblent et fassent bloc, les armées de l'Est venant caler les armées de l'Ouest pour s'établir, à la dernière extrémité, l'une la 2e armée, sur la haute Meuse au sud de Vaucouleurs, l'autre, la 1re armée, venant s'adosser contre, le plateau de Langres.

Mais, maintenant, de toutes façons, c'est à l'Ouest que la partie se joue. La bataille qu'il faut gagner pour le salut de la France, c'est celle que prépare l'Instruction générale du 25 août. Elle résultera de la manœuvre qui dispose nos armées en une figure articulée et qui surprendra l'ennemi à la fois par une offensive de front et par une action imprévue des lignes extérieures.

L'ensemble des mesures et des décisions édictées dans la Note aux armées du 24 août et l'Instruction générale du 25, l'une d'ordre tactique et l'autre d'ordre stratégique, fait un tout qui se tient solidement.

L'interprétation que nous avons essayé d'en donner en les appliquant simplement à la réalité, suffit pour indiquer leurs caractères : décision, fermeté, lumière, bon sens ! Ces deux ordres sont marqués au sceau des qualités françaises ; la méthode est purement cartésienne. Une trame forte et robuste, une forme élégante et claire, la belle ordonnance qui préside à la construction et au moindre détail, cette pensée qui éclaire les points les plus mystérieux de la situation présente et qui illumine les perspectives de l'avenir, cette puissance d'intuition qui pénètre et qui crée, je ne sais quelle modération et quelle modestie au moment où il s'agit d'ébranler des masses aussi formidables, tout contribue à élever ces deux pièces, et la seconde surtout, au niveau des plus beaux morceaux de l'art. Si le génie militaire est, comme on l'a dit, l'expression suprême de la civilisation d'un peuple rien ne prouve mieux la pénétration, la rectitude et l'autorité du génie français.

Résumons en deux mots leur sens profond : la bataille de Charleroi étant perdue et la retraite ayant commencé, cette retraite se transforme, par la volonté du chef, en une manœuvre qui s'achemine vers la bataille de la Marne.

VII. — LA BATAILLE DE CHARLEROI DANS SES RAPPORTS AVEC LA BATAILLE DES FRONTIÈRES.

Nous ne devons pas achever cet exposé succinct, sans essayer d'indiquer dans quelles conditions les combats de la Sambre se rattachent à la première phase de la Bataille des Frontières.

Selon le plan français, cette première phase avait pour objet une offensive générale et combinée de toutes nos armées pour pénétrer, le plus tôt possible, en territoire allemand. L'opération principale, qui débouchait par l'Alsace et la Lorraine, la droite au Rhin, devait être secondée par une manœuvre d'appui à travers les Ardennes. En cas de succès on s'assurait, dès l'abord, le gage des provinces annexées ; on entravait le mouvement des armées allemandes par la Belgique en menaçant leurs derrières ; de toutes façons, on protégeait Nancy et on s'opposait à la menace d'enveloppement ennemi par la Trouée de Charmes.

En tant qu'offensive, cette conception a échoué ; en tant que défensive, elle a réussi.

Toute l'histoire militaire le prouve, la Lorraine est un mauvais terrain pour une attaque se portant de France en Allemagne. Si le commandement français débouchait par là, c'est qu'il ne pouvait pas faire autrement : résolu qu'il était à ne pas violer la neutralité belge, il n'avait pas d'autre porte d'entrée sur le territoire ennemi.

Les Allemands, grâce à leur préparation formidable, nous repoussèrent à Morhange et à Sarrebourg. Mais ils furent arrêtés, à leur tour, à la Trouée de Charmes, sur la Mortagne et au Grand Couronné. Le résultat stratégique, dans l'Est, fut, en quelque sorte, partie nulle ; ce front se stabilisa promptement.

Quelle est, d'autre part, la conception allemande, en considérant l'ensemble du front occidental? Ouvrir sur nos frontières, une tenaille immense comportant : 1° une branche gauche menaçant Nancy et la Trouée de Charmes ; 2° une branche droite, plus puissante et de plus longue portée, traversant la Belgique pour atteindre la mer et se rabattre sur la Marne et la Seine ; 3° une articulation, formée par les armées du Centre et des Ardennes, ayant pour mission d'asséner le coup décisif en débouchant sur Verdun.

On sait toute l'importance qui, dans ce plan, est attribuée à la branche de la tenaille qui opère en Belgique. Mais il faut reconnaître que, si elle est la partie la plus solide, c'est elle qui court les plus grands risques. Un succès des armées françaises dans les Ardennes et dans l'Est la scinderait par la base.

Or, voici ce qui se passe entre le 20 et le 25 août, Les années allemandes de l'Est, victorieuses en Lorraine, sont arrêtées devant la Trouée de Charmes les armées allemandes refoulent dans les Ardennes les armées françaises, mais sont dans la nécessité de livrer une seconde bataille sur la Meuse ; les armées allemandes sont victorieuses dans la région de la Sambre, mais elles ne peuvent pas mener à bien le grand mouvement tournant : malgré la puissance de la droite allemande, elle n'a su ni détruire ni couper, ni envelopper les armées qui lui sont opposées. Son incontestable victoire n'est pas décisive.

Dans ces conditions, et étant donnée la situation de l'armée française et de l'armée allemande, quelles résolutions avaient-elles à prendre l'unc et l'autre ?

L'armée française luttait désormais pour la défense du territoire. Mais Joffre, en raison du besoin d'équilibre qui était dans sa nature, prenait aussitôt le parti de transporter celles de ses forces de l'Est, dont il n'avait plus le même besoin en Lorraine, pour les opposer aux forces allemandes le menaçant à l'Ouest. Puisque la première épreuve ne répondait pas à ses espérances, il modifiait son plan comme il modifiait sa tactique et, avec une souplesse remarquable, il tirait immédiatement de la guerre la leçon qu'elle venait de lui donner si rudement.

Les Allemands devaient-ils agir de même, avaient-ils à persévérer dans la tactique des attaques brusquées et dans la stratégie de la tenaille ? Ils avaient réussi : avaient-ils suffisamment réussi ?

Nous emprunterons la réponse à un document allemand du plus haut intérêt et que nous avons déjà cité[1] : c'est un voyage d'état-major allemand remontant à 1906, mais corrigé et mis au point en 1911 par de Moltke le jeune, et consacré à l'étude d'une guerre contre la France, comportant à la fois une manœuvre de gauche par la Lorraine et une manœuvre de droite par la Belgique : les conditions offrent donc une très grande analogie avec celles qui se sont produites en août 1914.

---

[1] Voir *Histoire illustrée de la Guerre de 1914*, t. IV, p. 138.

Or, l'opinion émise par le rédacteur de ce Kriegspiel (sans doute Moltke lui-même) est la suivante : en raison de la difficulté du terrain, les batailles livrées sur la frontière lorraine aboutiront probablement à une sorte de partie nulle. S'il en est ainsi le critique du Kriegspiel exprime l'avis formel que le commandement allemand ne doit pas hésiter à renoncer immédiatement à son offensive par la Belgique, pour ramener ses forces en Lorraine et briser, à tout prix, la résistance française dans cette région. Voici le texte : Le résultat des opérations dans l'Est n'étant pas décisif, et l'anéantissement de forces ennemies importantes n'étant obtenu d'aucun côté, la possibilité d'y arriver existe pour les Allemands, *d'une seule façon* : une fois *l'offensive française au Sud-Est de Metz reconnue*, — ce qui se produit assez tôt, — il serait très facile d'attaquer cette armée principale en enveloppant son aile gauche et de la battre complètement. Mais, pour cela, *il faut renoncer à la conversion excentrique par la Belgique* et concentrer toutes les forces dans la direction du Sud-Ouest (c'est-à-dire de la Lorraine, Sud-Ouest pour l' Allemagne). Il est vrai qu'il est difficile de se débarrasser d'une idée, une fois qu'elle est adoptée, et de jeter par dessus bord tout un plan d'opérations quand on voit que les prévisions sur lesquelles il était conçu ne se réalisent pas... Donc, Moltke conseille de renoncer au mouvement tournant par la Belgique, si la manœuvre de la tenaille par l'Est ne réussit pas du premier coup.

La raison de cet avis saute aux yeux. Notre force de l'Est, si elle n'est pas écrasée, est une menace constante pour les communications allemandes. Verdun est, comme nous l'avons dit, une dent enfoncée dans les chairs d'une invasion allemande en Belgique et en France. Un jour ou l'autre, pour réussir, il faudrait arracher cette dent : le plus tôt est le meilleur. Les Allemands se décideront à y revenir un jour, mais ce sera trop tard.

Tel était le sage conseil que de Moltke se donnait à lui-même, comme critique d'un thème de manœuvre. Mais, dans la réalité et quand il fut au fait et au prendre, il ne sut ou ne put le suivre. S'il ne le fit pas, s'il ne renonça pas immédiatement à la conversion excentrique par la Belgique, ce n'est pas seulement parce qu'il est difficile de jeter par-dessus bord tout un plan en cours d'exécution, c'est aussi, et c'est surtout, parce que les choses étaient engagées de telle sorte que les armées allemandes, lancées à la poursuite des armées alliées, ne pouvaient plus se décrocher.

Ceci nous ramène à la manœuvre française préparant la bataille de Charleroi et à la manœuvre en retraite qui suit la bataille de Charleroi. On voit, maintenant, comment elles s'agencent et se combinent dans le grand drame militaire de la Bataille des Frontières.

Au début, Joffre, soucieux de maintenir intacte sa force de l'Est, autant pour seconder sa propre manœuvre en Alsace et en Lorraine que pour protéger le territoire national, attend jusqu'au 15 août pour apprendre, par les faits, de quel côté débouchera la principale offensive allemande. Dès le 15, l'affaire de Dinant le met en éveil et, quoique le mouvement allemand ait attendu le 19 pour se produire, il renforce son aile gauche et la porte résolument sur la Sambre. Le grand mouvement s'étant produit le 19, il jette ses armées du centre et ses armées de l'Est sur le flanc de l'adversaire. Par suite du retard de certains de ses éléments, sa manœuvre est un peu courte. D'ailleurs, elle se heurte à la prodigieuse préparation allemande. L'ennemi saisit l'initiative et gagne la victoire dans la région de la Sambre.

Cependant, les armées allemandes, happées en pleine marche, sont arrêtées ; elles n'atteignent pas la mer ; elles ne réussissent pas l'enveloppement ; elles sont entraînées dans le couloir où le commandement français les surveille et les escorte jusqu'au jour ou il les écrasera par l'intervention des lignes extérieures.

En plus, l'effort de nos armées dans l'Est n'a pas été inutile : la bataille de la Trouée de Charmes a arrêté l'autre branche de la tenaille.

Enfin, dans les Ardennes, les deux armées du kronprinz et du duc de Wurtemberg, d'abord victorieuses, seront obligées de livrer, les 27 et 28 août la bataille de la Meuse qui leur enlèvera le principal bénéfice de leur premier succès.

Partout les forces allemandes sont contenues et maigre les apparences, la victoire reste en suspens.

Du côté allemand, trois grandes batailles gagnées ont donne l'illusion d'une réussite complète. Les conceptions de Schlieffen triomphent. Cependant un frottement très sensible altère déjà le jeu du puissant mécanisme : le mouvement par l'aile gauche est manqué, le centre n'a pas donné tout ce qu'on attendait de lui et, tandis que la branche droite de la tenaille s'avance pour l'encerclement, elle s'agite dans le vide, puisque la branche gauche s'est arrêtée, impuissante, aux approches de la Trouée de Charmes. Ainsi se réalisent, même dans la victoire, les prévisions de Moltke lui-même et, ajoutons, celles de la plupart des écrivains militaires qui avaient étudié les conséquences probables des nouvelles méthodes allemandes.

L'heure n'est pas venue d'aborder cette étude à la lumière des faits. Cependant, pour que mon jugement ne paraisse pas aventuré, je crois devoir rappeler qu'il n'est pas isolé et que la plupart des écrivains militaires compétents avaient prévu ce qui s'est produit en 1914.

Le général Lanrezac, au cours de l'article *Stratégie* du *Dictionnaire militaire*, envisage les conséquences d'une large manœuvre d'enveloppement conçue d'après les idées ayant cours en Allemagne. Il dit :

La manœuvre stratégique qui mettra en œuvre, de part et d'autre, plusieurs centaines de mille hommes aura-t-elle pour fin une bataille gigantesque à laquelle participeront la grande majorité des troupes actives des deux adversaires, ou bien les forces opposées, en raison même de leur grandeur, se fractionneront-elles en groupes stratégiques distincts ? En un mot, la décision sera-t-elle obtenue par une bataille unique, gigantesque, livrée sous l'impulsion immédiate du commandant en chef, ou, au contraire, sera-t-elle la résultante d'une série de batailles partielles livrées par des groupes d'opérations reliés stratégiquement mais non tactiquement ? (C'est évidemment vers le premier système qu'à la suite de Schlieffen s'était engagé l'état-major allemand.)

En fait, continue l'écrivain militaire, l'assaillant sera toujours entraîné à étendre beaucoup son front par le désir d'envelopper une des ailes du défenseur ; il s'efforcera de réaliser l'enveloppement stratégique qui promet une victoire plus fructueuse, attendu qu'on domine même avant la bataille, une partie des routes de retraite de l'adversaire et qu'on prépare, en outre, l'enveloppement tactique. L'assaillant s'étendant pour envelopper le défenseur fera de même pour échapper à l'enveloppement et contraindra, par suite, l'assaillant à s'étendre davantage encore. Mais, à prendre ainsi un front très étendu, *l'assaillant s'expose à voir ses dispositions ruinées de fond en comble, bouleversées par une contre-attaque adverse énergique...*

Le colonel Repington, qui suit les manœuvres allemandes de 1911, y reconnaît, immédiatement, l'application des idées de Schlieffen et il en fait la critique dans un passage d'une grande objectivité :

Il faut bien avouer que le maréchal von der Goltz (qui commandait) nous stupéfia en étendant aussi démesurément qu'il le fit le front de son armée. On s'étonnait déjà de voir sa division de couverture dispersée sur une ligne de 35 à 45 kilomètres ; mais on fut plus surpris encore lorsque l'année bleue, composée de deux corps d'armée et d'une division de cavalerie, accepta la bataille sur un front de 40 kilomètres et *essaya d'envelopper à la fois les deux ailes d'un ennemi presque d'égale force*. Heureusement pour von der Goltz, il ne se trouvait pas de Napoléon en face de lui... Sur la frontière française, longue de 250 kilomètres seulement, on ne pourrait déployer que six corps d'armée. On revient alors à ce dilemme : ou la tactique (Repington prend ce mot dans son sens le plus large) employée aux manœuvres ne sera pas appliquée dans une guerre contre la France, ou le front de déploiement des armées allemandes empiétera sur le territoire des neutres... etc.

On voit que les idées de Schlieffen étaient du domaine courant avant la guerre par suite de l'application qu'en faisait, d'ores et déjà, dans les manœuvres, le commandement allemand.

Mais il devient également évident que l'on connaissait aussi le défaut de la cuirasse et que les esprits avertis avaient prévu la parade.

Le capitaine Sorb écrit :

Les régions d'attaque les plus probables sont, pour les Allemands, celle qui s'étend au nord de Verdun et celle qui, simultanément, se développe entre Toul et Épinal. Au nord de Verdun, *ils tenteront* un mouvement enveloppant auquel ils n'ont renoncé en aucune manière entre Toul et Épinal, *ils prépareront* une attaque destinée à rompre notre front.

L'attaque d'aile sera, comme par le passé, montée d'avance. Même, on en augmentera l'envergure de manière à agir vite en escomptant certains facteurs moraux... Comme la place de Verdun augmente, dans des proportions considérables, la capacité de résistance de l'aile gauche française, en lui procurant un point d'appui de premier ordre, on tournera cet obstacle en faisant passer au Nord (c'est-à-dire par la Belgique) et tout à fait en dehors du rayon d'action du camp retranché, la masse de manœuvre précédée d'une force importante de cavaliers.

Si l'opération réussit, a victoire complète et la désorganisation de l'ennemi en seront les conséquences... Et si les deux attaques réussissent simultanément, on obtiendra un véritable encerclement de l'adversaire qui subira, de ce fait, un désastre total...

Mais il faut penser tout de suite à la défectuosité du système ; on va courir deux lièvres à la fois ; on va étendre le front ; on a, en quelque sorte, deux idées préconçues au lieu d'une seule. La théorie de Bemhardi (c'est-à-dire du mouvement tournant par une seule aile) semble plus nette, moins dangereuse dans sa brutale simplicité...

Voilà des jugements clairs et marqués au coin du bon sens. Confirmés par l'appréciation de de Moltke lui-même, ils jugent préventivement la conception géniale dont la révélation avait poussé l'empereur Guillaume à déclarer la guerre et à commencer par l'attentat contre la Belgique. Ces critiques ont prévu les faits

; les faits se sont exactement conformés aux prévisions. Les conceptions de Schlieffen, par leur immense envergure, ont permis à l'adversaire de s'échapper et aboutiront fatalement à une contre-attaque qui sera la bataille de la Marne.

Joffre la décide et la prépare dès le 24 août.

La première partie de la Bataille des Frontières, si elle a ruiné son plan offensif, lui a révélé celui de l'ennemi. Il ne s'entête pas à raccommoder son propre système ; il prend ses dispositions pour tirer parti des défectuosités de l'autre. L'ennemi avait tous les avantages : préparation, armement, initiative, surprise. Joffre les lui arrache par ses nouvelles instructions tactiques et stratégiques, dictées en pleine bataille.

Schlieffen avait dit : Une manœuvre d'enveloppement et d'écrasement est nécessaire pour en finir d'un seul coup et afin d'éviter la guerre d'épuisement. Bernhardi avait dit : Les armées modernes trouveront leur tombeau dans les tranchées. Joffre a échappé à la destruction soudaine ; et, après avoir battu les armées allemandes, il les jettera dans les tranchées. En un mot, il prend l'avantage sur l'ennemi par une sage exploitation des fautes de celui-ci. Une fois sur le terrain, l'intelligence française, le caractère français montrent ce qu'ils sont.

Deux méthodes sont en présence. Le commandement allemand se complaît dans les magnifiques hypothèses ; le commandement français s'attache aux réalités. Le commandement allemand prétend briser toutes les résistances, même celles de la nature, de la morale, de la raison ; le commandement français prend son point d'appui sur la droiture, le bon sens, l'expérience. Le commandement allemand voit grand ; le commandement français voit juste.

Ainsi s'opposent, dès les premiers engagements de la grande guerre, dès le premier acte de la Bataille des Frontières, deux natures d'esprit, deux tempéraments, deux races. Chez l'Allemand, l'imagination énorme, emphatique et dépouillée de scrupules ; chez le Français, la pondération mesurée et réglée, se surveillant et se corrigeant elle-même. Deux hommes représentent les deux types : l'empereur Guillaume et le général Joffre.

Que Guillaume se réjouisse ! La bataille de Charleroi lui livre la Belgique et lui ouvre les portes de la France. Mais qu'il prenne garde ! elle lui assure l'inimitié implacable de l'Angleterre et ameutera contre lui la haine et le mépris de l'univers. La Bataille de Charleroi recueille les fruits d'une longue préparation et d'une atroce perfidie ; cette fortune est assurée aux armes allemandes dès le 25 août. Mais elles trouvent, dans cette même journée, leur borne ; car, dès le 25 août, Joffre a dicté la double et admirable instruction qui prépare le rétablissement des armées françaises et le retour de la fortune dans le camp où l'honneur et la sagesse se sont réfugiés.

Ainsi se dégage, dès la première heure, la philosophie de la guerre, la philosophie de toutes les guerres et de toutes les actions humaines. La force matérielle n'obtient que des succès éphémères ; ils s'épuisent comme elle. Seules les forces morales ont l'âme et le souffle : elles ont l'haleine longue et la vie dure. L'Allemagne est victorieuse, — mais sa défaite prochaine est incluse dans sa victoire : tel est le résultat et telle est la leçon de la Bataille de Charleroi.

FIN DE L'OUVRAGE